戦国ウォーク
長篠・設楽原の戦い

The Battle of Nagashino-Shitaragahara

小和田哲男 監修
小林芳春・設楽原をまもる会 編著

黎明書房

戦国の火縄銃

信玄砲（銃身長一〇五cm・口径二〇mm・象嵌銘：拾三匁）
新城市宗堅寺所蔵。元亀四年（一五七三）の武田信玄の野田城攻めで、信玄が撃たれたという伝説銃。木部が失われ、銃身と玉鋳型のみ。『菅沼家譜』によれば家康から贈られた銃。

喜蔵とりつき銃（全長一五八cm・口径二〇mm・墨書銘：天正十一　九月九日喜蔵とりつき）
京都の大徳寺龍源院所蔵。日本最古の在銘火縄銃。喜蔵の養父、金森長近（五郎八）は設楽原に参戦し、信長の命で鳶ヶ巣攻めに参加。

甲州市栖雲寺の赤い軍旗

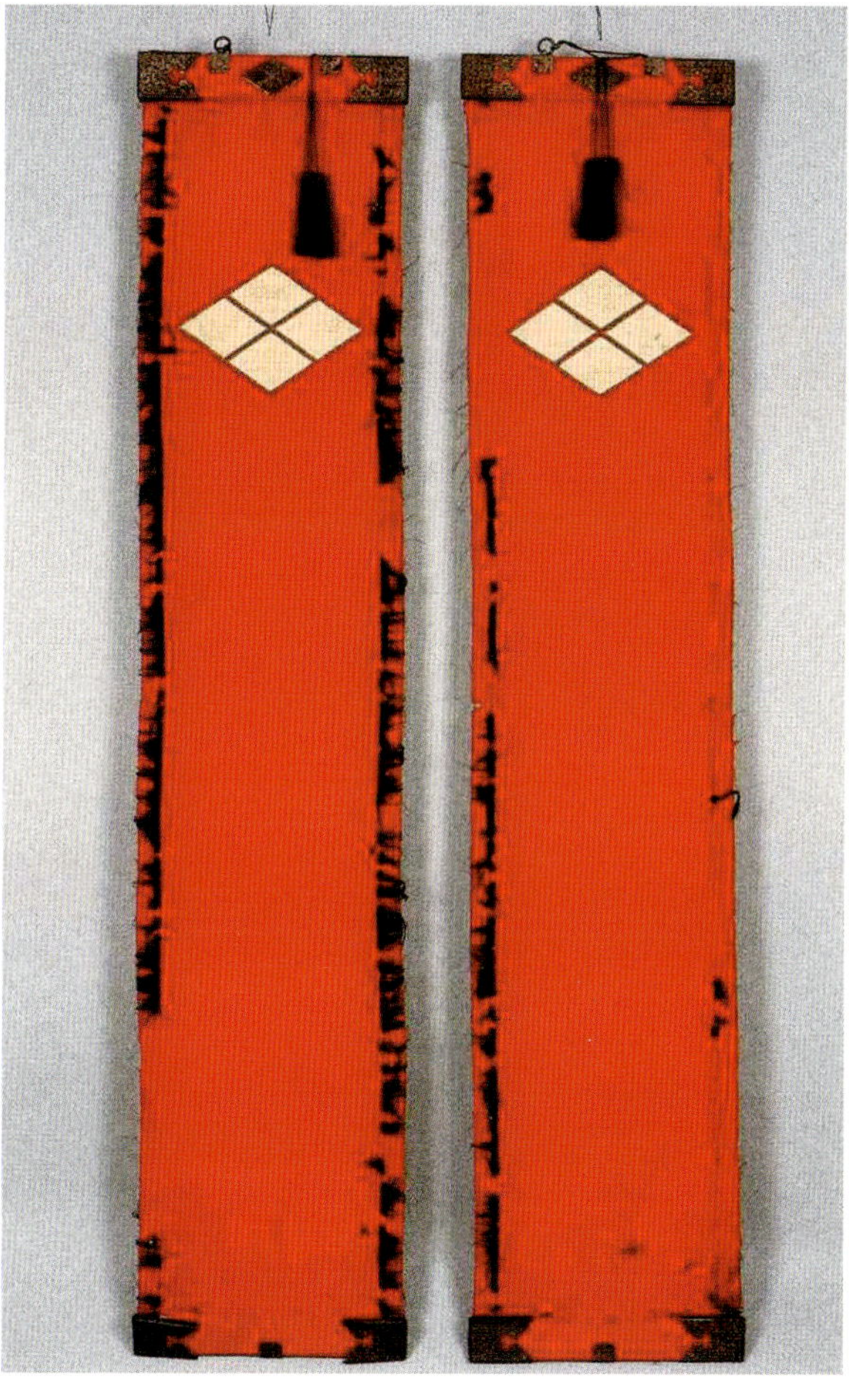

武田軍旗

戦国時代の武田軍が陣頭に立てた軍旗の一つ。赤地のラシャ（羅紗）製で，上部に武田家の家紋である「割菱」が鹿皮で縫い付けられ，縁取りは黒絹。上下部は鍍金打物飾り金具で装飾。

天正10年，武田勝頼が目指した武田家ゆかりの天目山栖雲寺に伝えられるもの。

総高177.5㎝，幅37.2㎝，武田菱の横長26.3㎝。

『菅沼家譜』の設楽原決戦両軍布陣図（中央部のみ）

武田軍は赤色の線で，徳川軍は黄色の線，織田軍は紺色の線で，各部隊の位置を示している。長篠城周辺は武田軍監視隊。

340年ほど前に描かれた図であるが，豊川をはじめ各小河川の配置，縮尺は極めて正確。船着山稜線からの目を感じる。

（宗堅寺所蔵）

序

小和田哲男

「長篠・設楽原の戦い」は、数ある戦国合戦の中でも知名度の点では「関ヶ原の戦い」と一、二位を争うものではないかと思われる。高校の日本史の教科書はもちろん、小学校・中学校の歴史の教科書でも取り上げられ、織田信長による戦術革命として、戦国時代の流れを大きく変えた戦いといった教えられ方をしている。

そのため、研究史も豊富で、著書・論文はもとより、一般向けの歴史雑誌でもよく特集記事に取り上げられている。その主なテーマは、信長による鉄炮三段打ちが実際にあったのかどうか、さらには、「戦国最強」などといわれる武田騎馬隊は実際はどうだったのかなどである。

もちろんどの研究者・論者も長篠・設楽原の現地を訪ねて執筆しているものと思われるが、現地に住み研究している「設楽原をまもる会」の会員にしてみれば、満足のいかない部分もあり、以前出版した『徹底検証　長篠・設楽原の戦い』（吉川弘文館、二〇〇三年）の第二弾を上梓することになった。「長篠・設楽原の戦い」についても、地元だから見えてくることもある。また地元に伝わりながら、中央の研究者にはほとんど使われていない『長篠日記』『続柳陰』『菅沼家譜』などの地元文献もある。地元に伝わる伝承からも見えてくる歴史があり、それらを一書にまとめたのが本書である。

地元では、弾正山から連吾川一帯を「あるみ原」とはいわない。しかし、設楽原と呼んでいる一帯を、太田牛一が『信長公記』で「あるみ原」と書いたため研究者の多くは「あるみ原」としてしまっている。「あるみ原」は「有海原」で、これは、長篠城の寒狭川（滝川）を挟んだ対岸の平地で、地名の有海があるあたりである。この点は、『信長公記』より、信憑性がかなり低いとされる小瀬甫庵の『信長記』の方が正しい書き方をしているように思われる。

また、これまで、徳川家康の本陣をどの研究者も高松山と書いてきたが、現地には高松山という名の山はなく、『長篠日記』などの地元文献によって、弾正山（断上山）のことではないかと推定しており、その可能性が高いのではなかろうか。

なお、これまで「長篠・設楽原の戦い」を扱ったどの本も、長篠城から岡崎城の家康のもとに救援の要請に向かった使者を鳥居強右衛門一人としてきた。たしかに、連絡をし、もどってきたときに武田軍に捕まり、「救援軍は来ないといえば命を助けよう」といわれたにもかかわらず、「救援軍はすぐ来る！」といったために磔にされた事実が広く知られたため、使者は強右衛門一人だったという形で伝承されてきたが、地元では鈴木金七郎というもう一人の使者がいたことが語り伝えられてきており、その末裔についてのことも本書では取りあげている。

地元文献と伝承、そして地元の人間ならではの実地踏査の成果といった点で私が注目しているのは、武田軍が寒狭川（滝川）のどこを渡ったかについての記述である。実際に浅瀬を探してルートを検証する試みで、これは一種の実験歴史学といってよい。

その実験歴史学のもう一つが鉄炮連続打ちの検証である。いわゆる「鉄炮三段打ち」が本当に可能だったのかどうかが研究者の間でも議論の的となり、最近では、「一〇〇〇挺三段」とする説は否定されつつあり、「三挺一組」説が支持を得つつあるように思われる。そこで、「設楽原をまもる会」の会員たちは、実際にそれができるのかどうかを演じている。その結果は本文の方をお読みいただくとして、実験歴史学としてもおもしろい試みといえよう。

この本はコースガイドの形をとっている。本書を片手に、実際に現地を歩いてもらえる叙述になっているので、興味を持ったところから歩いてみてほしい。

数ある古戦場の中で、長篠・設楽原周辺はまだ合戦のあった天正三年（一五七五）の雰囲気を残しているところである。多くの人が四四〇年前に思いを馳せてもらえれば幸いである。

目次

コラム　設楽原古戦場

本書における地名・鉄炮等の用語とその表記については、できるだけ当時の形を使用した。
例1　「雁峯山」は「かんぼう山」と、「断上山」は「弾正山」とした。
例2　「寒狭川（豊川）」は「滝川」で統一し、合流後の「豊川」は当時の「大川」を併用した。
例3　「鉄砲」は「鉄炮」を、「撃つ」は「打つ」を、「銃丸」は単に「玉」とした。

第一章

長篠から設楽原へ

〝滝川を越える〟勝頼の選択

〝馬防柵で待つ〟信長の作戦

リーダーの決断が、命運を分けた

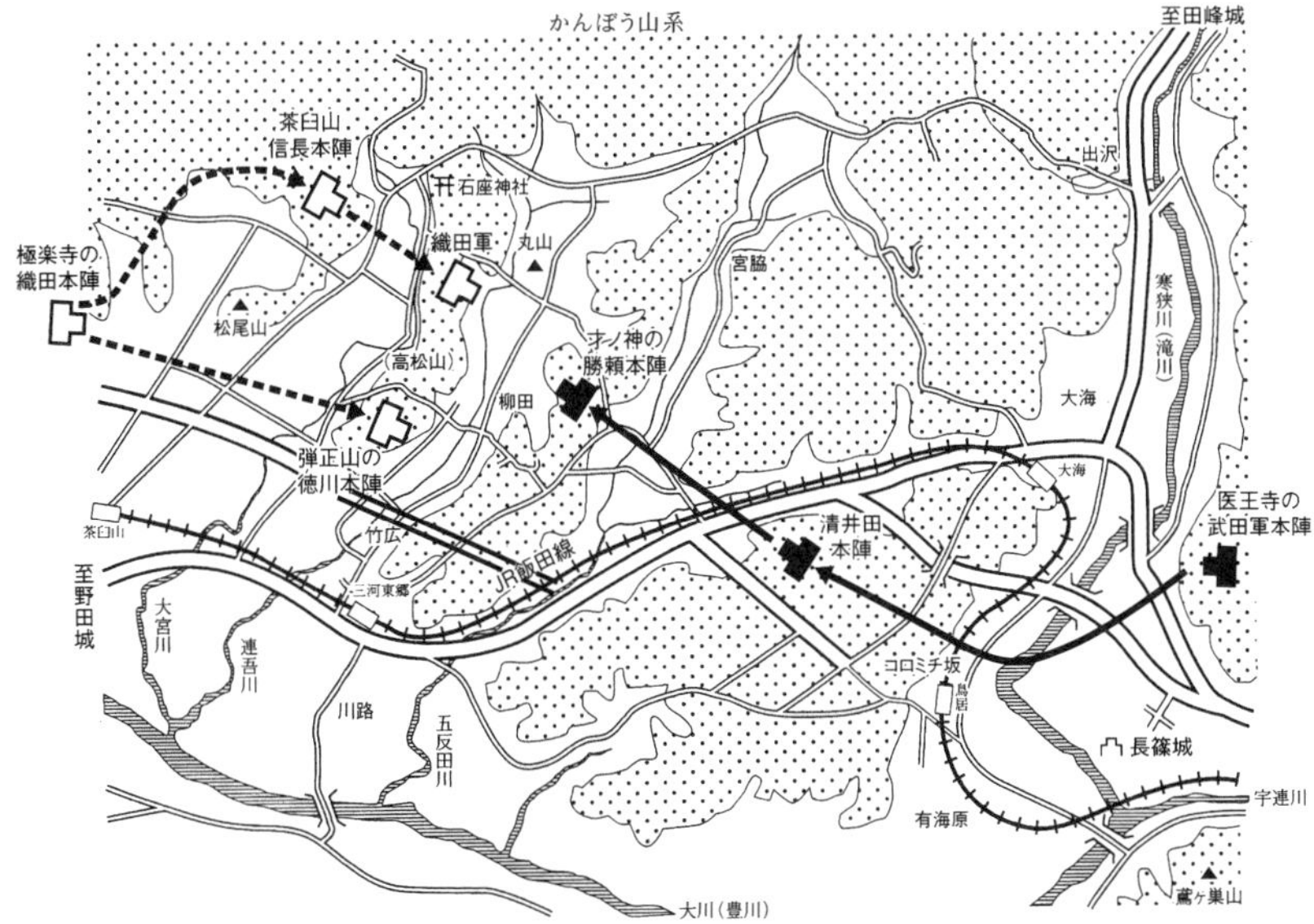

信長本陣：左端上，勝頼本陣：右端中，設楽原古戦場：中央部左一帯，
長篠城跡：右端下
（小和田哲男監修『戦国日本―日本の源は地方にあり―』郷土出版より）

1　二つの古戦場―「長篠・設楽原の戦い」

天正三年（一五七五）四月末に始まった武田軍の長篠城（徳川方）包囲は、織田軍の出陣で、舞台を長篠《ながしの》から設楽原《したらがはら》に移した。

もともと、武田軍の目的は長篠城の奪回であり、二年前の失地回復という地方作戦であった。しかし、織田軍の全面支援を受けた徳川方の長篠城救援で、事は「武田勝頼と織田信長の戦国対決」へと進んだ。これが「長篠・設楽原の戦い」である。

長篠城の攻防―奥平軍（徳川方）×武田軍

東三河平野への出口に位置する長篠城（徳川方五百）を、甲州の武田軍が包囲した。城は猛攻にさらされたが、五月の半ば、後詰の大軍は東三河に入ろうとしていた。［コース②］

前年の高天神《たかてんじん》城の救援失敗に比べて、徳川家康の要請を受けた織田信長の動きは、早かった。五月十三日に岐阜を発った織田軍は、十八日には設楽原に布陣し、長篠城の手前四㎞で進撃を止めた。これが、戦いの姿を大きく変えることになった。［コース③］

設楽原での決戦―織田・徳川軍×武田軍

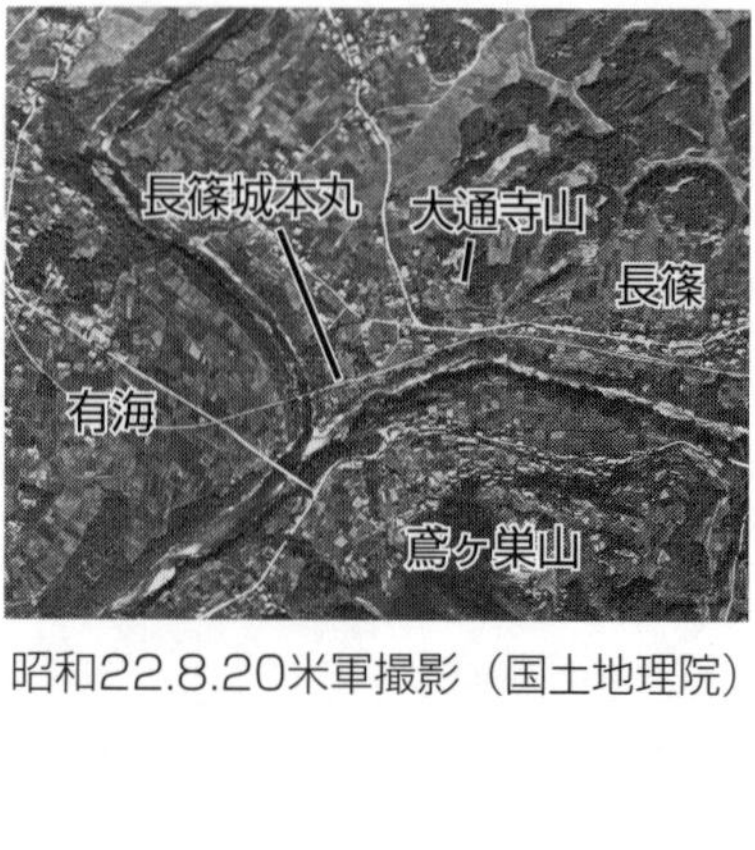

昭和22.8.20米軍撮影（国土地理院）

設楽原での信長の布陣を、『信長公記』は次のように記している。

①「設楽郷…敵かたへ不見様に段々ニ御人数三万計被立置」

②「馬塞の為、（連吾川右岸に）柵を付」 コース④

③「信長御案を廻らせられ、御身方一人も不破損の様に御思慮を加へらる」

十八日から三日間で馬防柵《ばぼうさく》を整えた連合軍に対して、武田軍は「設楽原への進出?」をためらった節がある。

決戦前日の二十日、滝川《たきがわ》渡河を終えた武田軍は、馬防柵の前面・連吾川《れんごがわ》左岸に布陣した。 コース⑥・⑦

翌五月二十一日早朝、武田軍背後の鳶ヶ巣山《とびがすやま》陣地を急襲する連合軍別働隊の火縄銃が響く中、一万二千の武田軍本隊は馬防柵ラインで待ち構える織田・徳川軍に決戦を挑んだ。 コース⑧・⑫

柵際の激しい攻防は、連合軍の銃弾が次第に武田軍を圧倒し、昼すぎ、武田軍は敗退した。僅かになった勝頼本隊は、武節《ぶせつ》（三河）から根羽《ねば》・駒場《こまんば》（南信濃）をぬけて甲州へ戻った。 コース⑨

この決戦での連合軍の火縄銃は千挺とも三千挺ともいわれ、その数ははっきりしないが、「鉄炮の戦い」であったことを両軍の関係文書が伝えている。 コース⑧・⑪

・「御下知の如く鉄炮にて」「鉄炮を以而散々ニ」「鉄炮計を相加」…『信長公記』

柳田橋《やなぎだばし》から下流を

・「柵の木三重まであれば城せめの如くにして、大将ども尽鉄炮にあたり死する」…『甲陽軍鑑：品14』

勝者の記録とも言える『信長公記』は、「鉄炮ニ而過半うたれ」と記し、敗れた側の『甲陽軍鑑』は「柵の木三重まで…大将ども尽鉄炮にあたり」と、それぞれが鉄炮で大勢を決したと記している。

武田軍も鉄炮を準備していたといわれるが、煙硝《えんしょう》（火薬）や鉛の多くが輸入品であった当時、東国武田軍の鉄炮数は格段に少なかったと思われる。

資料館下の甘利信康塚

戦い終わって

設楽原で、馬場信房・内藤昌豊・山縣昌景など信玄以来の有力家臣の多くを失った武田氏は、以後次第に弱体化し、七年後の天正十年、信長によって滅亡した。だが、勝者の信長も、その三か月後本能寺で倒れた。

今も、設楽原古戦場の各地に、戦い直後から建てられた数多くの武田将兵の塚が点在し、戦国のあの日を偲ばせている。 コース⑦

2 古戦場の謎―「天正の戦い」への入り口

天正三年の長篠城の攻防は、信長の出陣で舞台を設楽原に移した。
四百余年という歴史の彼方のことであるが、古戦場は今尚私たちの謎である。

(1) 長篠城包囲　長篠攻めの勝頼の読みは？〈関連：コース①・②・⑥・⑬〉

武田軍の長篠包囲の背景に関わる出来事がある。直前四月の大岡弥四郎事件である。徳川譜代の家臣である大岡弥四郎が、武田に通じて岡崎城奪取を図った。仲間の密告で計画は失敗に終わったが、長篠城奪回に向けて武田軍出陣途上の出来事であり、成り行き次第では家康領国の崩壊につながったと、新行紀一氏はいう。そして、この信康家臣団の事件は、四年後の天正七年の信康の悲劇に通じていく。注1

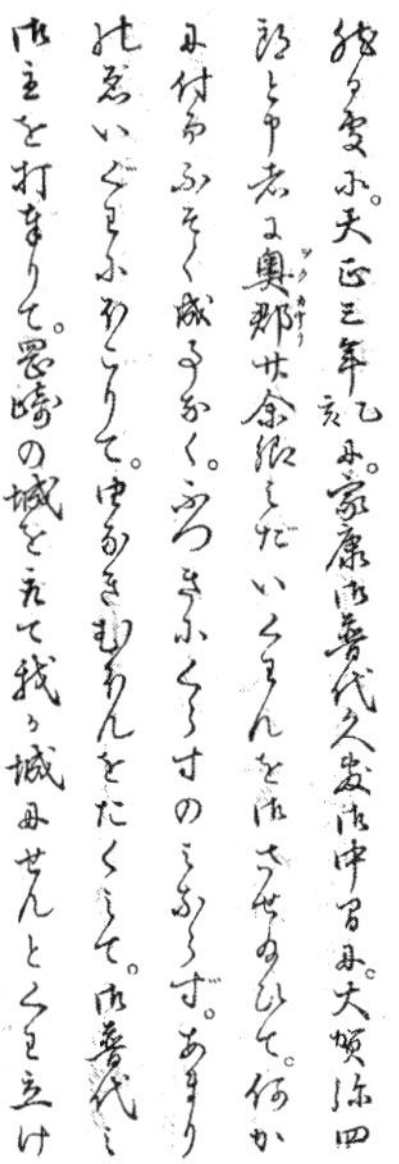

三河物語

一方、武田勝頼にとっては、武田の跡目相続が不安定さをかかえて進んでいく中での出陣である。

①武田軍一万五千の数は、直近の二回に比べて少ない？

・二年前の信玄の「三方原《みかたがはら》（浜松市）」も前年の勝頼の「高天神城（掛川市大東町）攻め」も、武

田軍は二万五千といわれるが、それらに比して長篠出陣の数字は小さい。注2

・元亀四年の信玄の死で『甲陽軍鑑：品39』に武田の旗「(勝頼に)無用也」を書かせた甲州事情の中、勝頼は〝長篠城奪回〟をめざした。東三河平野への出口のこの小城の持つ意義は大きい。だが、前年の高天神攻めに比べ、家康救援を予想される信長の本拠地尾張は格段に近い。

②城が猛攻に耐えたのは？

・山城から平城へ、過渡期の役割を果たした長篠城の城址発掘調査が平成十一年から七年をかけて進められ、外堀・内堀等の当時の姿が少しずつ見えてきた。銃弾と思われる玉が二十五個出土したが、五個が銅玉であった。注3

・救援の使者は、いつ・誰が・どこへ…向かったのか？

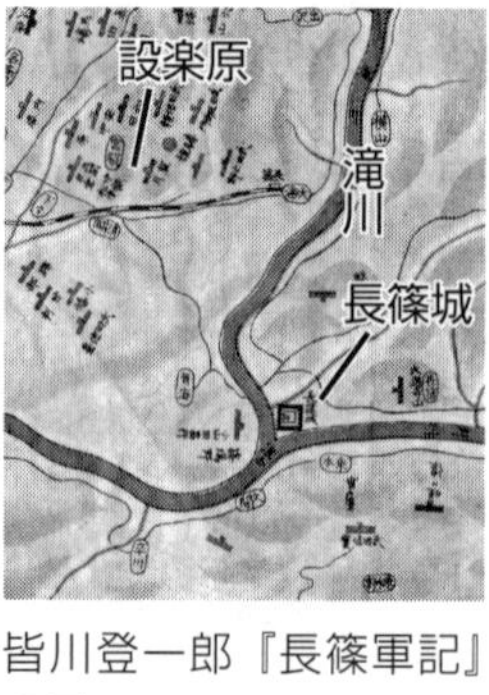

皆川登一郎『長篠軍記』の図

③武田軍は、どのような目算で滝川を越えたのか？

・これまでの大動員ができていない状況の中で、総指揮官勝頼は救援軍との全面対決を意味する滝川渡河に踏み切った。信長軍の後詰をどのように読んでいたのであろうか？

・決戦前日の二十日付け長閑斉宛勝頼書状について、黒田日出男氏は「『甲陽軍鑑』をめぐる研究史―『甲陽軍鑑』の史料論1」で宛名の「長閑斉」を「釣閑斉」と比較することで、同日付け・同文の他文書を写した偽書状ではないかという。これは、武田軍の長篠軍議に「長坂光堅がいな

かった」というこれまでの定説が根拠を失うという問題提起となった。[注4]

(2) 設楽原の地形「一段地形くぼき所」とは？〈関連：コース③・⑥〉

決戦場の地形について、『信長公記』に二つの記述がある。これをどう見るか？

・一つは、「志多羅《したら》の郷ハ一段地形くぼき所ニ候…」で、狭い意味での設楽郷（設楽原）である。

・もう一つは、「あるミ原」である。

①「設楽原」の呼称？

決戦場の呼称については、当時「設楽」「設楽郷」「設楽（氏）の」等の記述はあるが、「設楽原」については『長篠日記』や『總見記』が初見である。一方、『信長公記』や『三河物語』の記述から「有海原」という見解がある。

・極楽寺《ごくらくじ》山に本陣を置いた遠征の筆者にとって、連合軍布陣の見通しの利く設楽郷に対して、見通しの利かない丘陵地帯の設楽郷は長篠に隣接する有海一帯の地として「あるみ原」と記されたようにとれる。

②家康布陣の「ころみつ坂（の上高松山）」の位置は？

「ころみつ坂」は、現在も「小呂道《ころみち》」として有海《あるみ》地区の小字名にある。『信長公記』では「高松山」を「ころみつ坂」とセットにして「有海原に家康布陣」というが、長篠城から見えるこの急坂付近に家康軍が布陣するとは考えにくい。従って、その位置を筆者は他の場所と取り違えている。「高松山」は、地元伝承の家康布陣地「弾正山《だんじょうやま》」を指しているようにとれる。

・弾正山一帯を「あるみ原」と呼ぶことは、地元では考えられない。

③武田軍は、設楽原へ進出するのに、滝川のどこを渡ったか?

「長篠」から「設楽原」への戦いの流れを決定づけた武田軍の滝川渡河は、当時も今も簡単ではない。川岸は二〇m以上の断崖地形で、川の流れも渡渉できる浅瀬はごく限られている。現在、城下から上流へ向かって次の地点が考えられる。

・長篠→有海………岩代《いわしろ》(岩城)、鵜ノ口《うのくち》渡し、古渡《ふるわたり》

・横山《よこやま》→出沢《すざわ》、滝川…猿橋《さるはし》(猿飛)、鵜ノ首《うのくび》、船渡《ふなど》

(3) 連吾川の激突 馬防柵は? 〈関連:コース③・④・⑤・⑧・⑨・⑮〉

『信長公記』は「馬塞之為柵を」と記している。連合軍の最前線二kmにわたって柵があったから、織田・徳川の鉄炮隊は柵を拠り所に火縄銃を構えた。武田軍は柵を目指した。

①連吾川を、最前線に選択したものは何か?

・信長軍は、十八日の設楽原進出と同時に連吾川沿いに柵構築を始めたと思われる。信長本陣の極楽寺山から東の長篠方面を見ると、信玄台地が壁になって見通しは連吾川の一部までである。こ

の見通しが連吾川選択の大きな理由であろう。

・現在の連吾川筋は、両岸に水田が続いているが、当時はどうであったのか。

②柵は、どこに、どのように作られたか？

・柵を二重三重に設置したと記す史料は多いが、どこへ二重なのかは記されていない。現在、柳田地区の手前に馬防柵が再現されている。川岸からある程度距離があり、低地の水田地帯が中位段丘に変わる境目である。

・柵だけでなく、「堀や土塁」があったという主張がある。文献のどこに根拠を求めているのだろうか？注5

③川筋を熟知している設楽氏とは？

・戦前も戦後もこの土地にかかわり続けた設楽氏は、連吾川と大宮川《おおみやがわ》周辺に五つの城館を持っている。連合軍は、設楽氏の土地情報を活用しないはずがない。

④武田軍は、どのように設楽原を脱出したか？

・二年前の野田城《のだじょう》攻撃の帰途を辿《たど》ったと思われる。

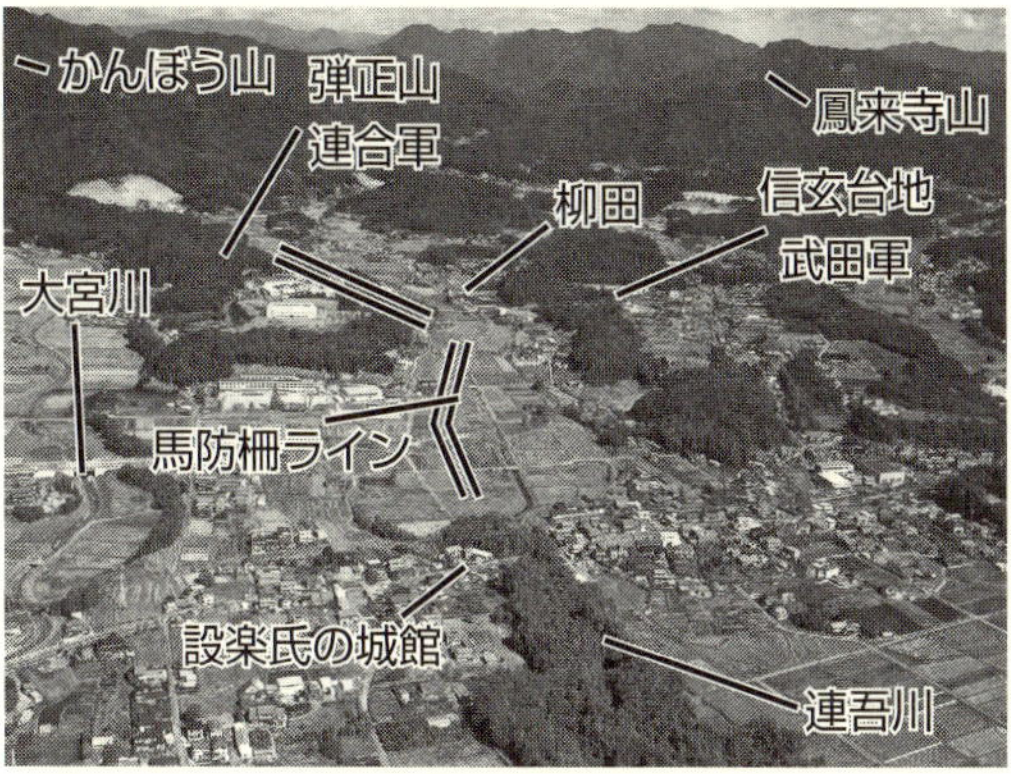

中日新聞社提供

(4) 鉄炮の戦い　「鉄炮計を相加」とは？〈関連：コース⑩・⑪〉

設楽原で織田軍が使用した鉄炮は、千挺とも三千挺ともいわれる。いずれにしろ当時としては大きな数であるが、現在、戦い当時の火縄銃は一挺も見つかっていない。その玉は十七個出土している。

①十七個の出土玉の語るもの

十七個の内、三個は織田軍後方陣地、三個は連合軍前線、五個は織田軍布陣地で六個が武田軍前線である。これらの発見された鉛玉は二から五匁*程度で、士筒《さむらいづつ》の六匁強からみて一回り小さい。

この数を、少ないと見るか多いと見るか？　＊一匁《もんめ》は三・七五g

②三段打ちの論議

『信長公記』は、連合軍の鉄炮使用を「鉄炮を以而散々ニ」「御人数一首も御出なく…鉄炮計を相加」と記し、鉄炮の使用が中心の戦いであったという。柵を盾にして、次々に打ち続けるということは、二段三段の構えをどうつくるかということになる。「三段打ち」の言葉はこの想定の一つとして使用されてきたと思われるが、見解は分かれる。

・「三千挺の三列交代射撃」はありえない。目の前に敵がいるいないにかかわらず、「千挺ずつ絶え間なしに発砲を続けることになるのだから」と。

・鉄炮を二段三段に分けて交互に打つ形で、各衝突場面ごとの動きである。鉄炮の数は守備隊ごとで、「千挺一斉」にはならない。

小瀬甫庵の『信長記』は、この「千挺ずつ」を下知として記すが、鉄炮使用場面には出てこない。ここの二つの解釈が、実際の打ち方では大きな隔たりがないであろうことを、連吾川の柳《やなぎ》田橋《だばし》に立つたびに思う。

「鉄炮を以而散々ニ」「鉄炮計を相加」は、具体的にどんな打ち方なのだろうか。所荘吉氏は、「守りながら攻める」と言われた。[注6]

③織田軍と武田軍の鉄炮事情の違い

鉄炮伝来から三十年余を経過した当時、鉄炮の普及は大きく進んだが、銃の購入・鉛や火薬の調達については、地域間でかなりの違いがでてきたと思われる。武田軍の鉄炮事情について語るものは少ない。

・第二次川中島の戦い（一五五五）で武田軍は「旭ノ要害」を守る栗田寛明に「人数三千人、（弓）八百張、鉄炮三百挺」を送ったと『妙法寺記：下』にある。この時期として「三百挺」は多い。

・長篠出陣の前年（一五七四）、勝頼から名倉《なぐら》（奥三河）の奥平喜八郎への返信に「矢之根《やのね》並塩硝《えんしょう》領納快意候…鮭進之候」とある。鉄炮火薬の調達に苦労する武田軍の一端と読める。[注7]

(5) 大迂回作戦　鳶ヶ巣山奇襲の目的は？　〈関連：コース⑫〉

鳶ヶ巣攻めの道筋は大変な迂回作戦である。長篠城から大河を隔てた南側という鳶ヶ巣の位置から考えると、鳶ヶ巣砦の武田守備隊には全く予期しない敵襲となった。総崩れとなった鳶ヶ巣五砦の様子は、長篠城の眼前であり、追い詰められていた城兵を救った。

家康には、前年五月の高天神城の救援失敗という苦い記憶がある。今回、長篠城の救援は是が非でもであり、迂回作戦の目的である。同時に、武田軍との主力衝突を側面的に支援するもう一つのねらいが考えられる。設楽原へ進出した武田軍の背後を脅かす作戦である。

・奇襲への道は「松山越《まつやまごえ》」の難所をかかえ、夜間の出撃になる。この道筋を選択したのは誰か？

・当時、奇襲攻撃隊の一翼であった野田城の菅沼定盈の子孫が、江戸時代の新城《しんしろ》藩主を務めているが、代々の藩主は大迂回コースの「殿様実地踏査」を行ったと記録している。注8

> 文政六年三月十三日（「新城町御触書留帳」）
> 殿様松山越長篠古戦場御見物ニ被為入候、川船壱艘鳥原渡し場へ揚置御越立仕候、吉川村豊田氏へ御立寄、御幡棹竹有御覧、夫ヨリ松山千手院観音御参詣、腰弁当ニテ御供仕即観音ニテ御弁当、夫ヨリ松山越菅沼山…鳶ヶ巣山打越長シノ大通寺へ御立寄…医王寺ニテ弁当相済…

(6) 文書の記述　戦いは、どのように伝えられてきたか？〈関連：コース⑯〉

平成十五年の『愛知県史：織豊』は、長篠・設楽原の戦いに関しても多くの史料を収録する貴重な文献集であるが、地元の記録である『長篠日記』は取り上げていない。金子諸山の『戦場考』は、全くの断片で発見の時期も遅いが、惹かれるものがある。

・『長篠日記』：原本は不明。写本の一つに「天正六年（一五七八）」とあるが、『信長記』や『甲陽軍鑑』の影響は明らかである。地名とその相互の関係は細部においても極めて正確である。[注9]

・『続柳陰』：成立は享保十一年（一七二六）、戦いから百年後にはすでに成人に近かった大田白雪の著である。武田将兵の塚や一ノ柵場・二ノ柵場等戦い直後の面影を読み取ることができる。

・『戦場考』：渥美《あつみ》郡高足《たかし》（高師）村金子諳山が戦いから三十二年後に古戦場を巡歴した際の覚書風のもので、昭和八年の東郷《とうごう》村報に掲載された一枚だけである。古戦場に点在する武田将士の塚の記述のみで、戦いの記述がない分、戦記にはない身近さと記述への信頼を感じる。原資料は、大正五年、大海《おおみ》駅前のマル海運送に預けられて以降、不明という。[注10]

(7) 村人の動向　侵入者を祀り続けたものは何か？〈関連：コース⑦・⑧・⑭〉

この地に倒れた異国の将士の霊を祀る信玄塚の「火おんどり（火まつり）」をはじめ、武田方の塚供養を、村人はこの四百余年欠かすことなく続けている。祭りではなく祀りだから続けられたのか、伝説の群蜂を恐れて続けたのか、信玄目薬などの地域に根づいた宣撫工作のためか、様々なことがあろうが、結局は「亡くなった人をそのままにしておけない」という村人の〝普通の心〟である。

・火の祀りとともに、この地域の領主の建てた武田供養碑、甲州商人の伝承、合戦時の小屋久保《こやんくぼ》へ

の避難、そして古戦場一帯の武田将士の塚と、どこそこ武田との関わりが深い。注11

・天正二年、この地の土豪設楽氏は、内紛で一族の半分が関東へ移った。徳川方が残り武田方が去ったという。武士は離れられても百姓は行くところがない。

東三河の誰もが、武田と徳川の間でゆれ動いた時代である。

古戦場の姿は、時代の中で少しずつその様子を変えていく。変わりながらも変わらないものをどう伝えていくのか、古戦場が問いかけている。

（小林芳春）

注1　岡崎町奉行大岡弥四郎の岡崎城奪取の計画（武田に通じ）が、仲間の密告で露見し、武田軍の長篠進攻直前の四月十二日、一味の処刑が行われたという。夫の弥四郎に計画の中止を迫った妻と子ども五人も磔にするなど残酷な処刑が記されている。弥四郎は『三河物語』では「三河奥郡代官大賀」であるが、ここは『新編岡崎市史』により「岡崎町奉行大岡」とする。

注2　信玄以来五年連続の出兵である。過重な負担が領国の経済や兵士の肩にかかろうとしていた時期である。

注3　・「史跡長篠城跡試掘調査報告書：第一～七集」（鳳来町教育委員会、新城市教育委員会）参照。
・下図は、大正二年発行の『長篠軍記』による。著者の皆川登一郎は天保生まれの新城・菅沼藩士。

注4　・黒田氏論文は「立正大学文学部論叢：第一二四号」による。
・勝頼書状「神田孝平文書」は、『時を超えて語るもの』（東大史料編纂所）による。

注5　『設楽原紀要：第7号』の「陣城はあったか―設楽原陣城研究会」による。

注6　『設楽原紀要：第2号』の「シンポジウム―設楽原と火縄銃」による。

注7　・『妙法寺記：下』（『続群書類従』）　天文廿四年（一五五五）七月廿三日の項。
　　・十一月十四日（天正二年）付け奥平喜八郎宛武田勝頼書状は『北設楽郡史』の「名倉奥平氏」による。
注8　『新城町御触書留帳：文政六年（一八二三）』は、新城市郷土研究会の小野田登氏の報告による。
注9　『長篠日記』の写本を現在十五点ほど確認しているが、地名の正確さは小野田本である。
注10　原資料については、設楽原をまもる会編『設楽原戦場考』の「諳山随筆を残してくれたふたり」による。
注11　信玄塚（新城市竹広）の大塚に、領主設楽市左衛門貞政の建てた「天正年中討死」者の供養塔がある。碑高七七cmの石碑は風化して銘文を読みづらいが、「時承応癸巳孟夏八」（一六五三年四月八日）とある。

参考基本文献一覧

本書で基本文献として使用した史料を、史料名・著者名・成立年代・引用書名の順で記した。

1『信長公記』太田牛一・一六一〇・池田家本（岡山大学所蔵）。『改訂信長公記―桑田忠親校注』（新人物往来社）
2『甲陽軍鑑』小幡景憲・一六二一頃・『改訂甲陽軍鑑―磯貝正義・服部治則校注』（新人物往来社）
3『松平記』作者不詳・（慶長頃）・牧野文庫（新城市）所蔵版本『校訂松平記下』
4『当代記』作者不詳（松平忠明説）・（慶長頃）・『三河文献集成―近世編上』（宝飯地方史編纂委・国書刊行会刊）
5『信長記』小瀬甫庵・一六二二・現代思潮社刊
6『三河物語』大久保忠教・一六二二・牧野文庫所蔵版本。『原本―三河物語（穂之邇文庫本）』（勉誠社）参考
7『家忠日記増補』松平忠冬・一六六八・牧野文庫所蔵本（写本）
8『武徳大成記』幕府編纂・一六八五・牧野文庫所蔵本（写本）
9『寛永諸家系図伝』江戸幕府編纂・一六四三・続群書類従完成会刊本。本書では『寛永系図伝』と略記
10『總見記』遠山信春・一六八五・牧野文庫所蔵本（觀奕堂版）
11『寛政重修諸家譜』江戸幕府編纂・一八一二・続群書類従完成会刊本。本書では『寛政諸家譜』と略記

12『譜牒餘録』「貞享書上」をもとに幕府編纂の家伝の集成・一七九九・内閣文庫影印叢刊
13『甲斐国志』松平定能編・一八一七・甲斐叢書刊行会刊
14『参河国名所図絵』（中巻）夏目可敬・一八六二・愛知県郷土資料刊行会刊本
＊『長篠日記』『菅沼家譜』『菅沼記』『続柳陰』については、第三章の「コース⑯」に記載

参考図書一覧（図書名・刊行年・著者等）

15『増訂織田信長文書の研究』（全三巻）奥野高廣著、吉川弘文館刊
16『愛知県史：資料編⑪ 織豊1』二〇〇三・愛知県。本書では『愛知県史：織豊』と略記
17『新編岡崎市史―史料・中世編』一九八三・岡崎市
18『中津藩史』一九四〇・黒屋直房。国書刊行会刊（一九八七）による
19『南設楽郡誌』一九二六・南設楽郡教育会（他に明治四十三年南設楽郡役所刊本がある）
20『北設楽郡史―原始・中世編』一九六八・北設楽郡史編纂委員
21『新城市誌』一九六三・新城市。『新城市三十年誌』一九九〇
22『東郷村沿革誌』一九三六（一九五一）・東郷村（「東郷村報」復刻会刊行本）
23『慶長九年検地帳集成』一九六六・新城市誌資料Ⅵ
24『長篠戦後四百年史』一九七五・山崎良平と新城市郷土研究会編（新城市教育委員会刊）
25『設楽原戦史考』牧野文斎遺稿・一九八五・設楽原をまもる会編
26『設楽原戦場考』一九九九・設楽原をまもる会
27『徹底検証―長篠・設楽原の戦い』小和田哲男監修／小林芳春編・二〇〇三・吉川弘文館
28『新城市設楽原歴史資料館研究紀要』第1～17号。本書では『設楽原紀要』（号数）と略記

第二章

決戦の舞台を歩く

勝つことがあれば
負けることがある

戦いは時として、あしたを奪う

設楽原決戦場まつり

コース①

長篠城前夜

武田の代替わりの隙をついて、家康は長篠城を落とし作手の奥平が徳川へ走った

小林芳春

1　武田の代替わり

永禄三年（一五六〇）五月、今川義元が桶狭間《おけはざま》に倒れると、東三河の地侍の多くは岡崎の松平元康*に従った。作手《つくで》の奥平氏の松平帰属は遅れて永禄八年である。このとき奥平貞能《さだよし》の弟は武田方に走り、奥平は二つに分かれた。

*元康から家康への改名は永禄六年、松平から徳川へは永禄九年

元亀元年（一五七〇）、武田軍が奥三河に侵入すると、田峯《だみね》の菅沼氏・作手の奥平氏等は以後武田に従った。翌元亀二年三月、長篠城（菅沼正貞）は、武田の秋山虎繁軍らに囲まれて降伏し、奥三河の山家《やまが》三方衆《さんぽうしゅう》はすべて武田に属したが、野田の菅沼氏を中心とする豊川《とよがわ》三人衆が徳川を離れることはなかった。武田信玄の、三方原に続く元亀四年の野田城攻めは「豊川三人衆の攻略」であった。注1

だが、野田城包囲の中で起こった信玄の異変は、再び長篠城を戦火に巻き込んでいくことになる。

(1)　家康の計算と読み

野田城を落とした武田軍は足早に奥三河を離れたが、信玄の命は四月十二日帰国途中の南信州駒場で燃え尽きた。武田軍は信玄の遺言を守り主の死を堅く秘したが、五月になると「信玄死去」のうわさを抑えることはできなかった。家康の動きがいくつか記されている。

・元亀四年（一五七三）七月、家康は浜松を立ち武田方の長篠城を囲んだ。八月、菅沼正貞は開城

して武田方へ退去したが、正貞は信州小諸《こもろ》に幽閉された。＊武田の疑心暗鬼による不条理な幽閉

＊

・同（天正に改元）八月、作手の奥平貞能・貞昌（父子）は妻子一族とともに亀山《かめやま》城を脱出、家康方へ走った。この直前奥平に対して、家康から七か条の起請文《きしょうもん》がだされていた。注2

＊奥平の勢力は奥三河では突出していた。『甲陽軍鑑』品17によれば、奥平→百五十騎、田峯菅沼（新三郎）→四十騎、長篠（菅沼新九郎）→三十騎である。対して、譜代の馬場が百二十騎である。

・同　九月、家康は武田を離反した奥平貞昌に長篠城を守らせた（城番）。

・天正三年二月、家康は城番制に替えて二十一歳の貞昌を城主に命じた。

家康は奥三河のなかでも図抜けた勢力の奥平を確実に自軍に引き入れるために、長女と奥平の嫡男との婚儀（起請文第一条）を約束した。そして、その若き貞昌に対武田最前線の長篠城を守らせた。武田を裏切った奥平にとって、武田との戦いに後はなかったからである。

同時に、武田軍の攻撃に備えて兵糧米の支援を信長に要請していた。三月、二千俵の米が届くとそのうち三百俵を長篠城に配備して籠城用とし、勝頼の長篠城奪回の動きに備えた。注3

(2)　奥平の代償と読み

奥平父子一行の作手脱出を確かめた勝頼は、人質の定めに従って三人の人質を処刑した。奥平家の『貞享書上』は次のように記している。

・「武田家へ渡し申候人質　九八郎弟仙丸十四歳、奥平久兵衛娘十六歳、萩の…虎之助十六歳　生害に逢申候」、天正元年九月二十一日のことだという。

奥平貞昌が長篠城番を命じられた五日後、弟の仙丸たちはすぐ近くの鳳来寺《ほうらいじ》周辺で殺害された。鳳来寺門前の金剛堂《こんごうどう》前に晒された仙丸の首は、数日後縁者の手で密かに持ち去られ奥平家ゆかりの額田《ぬかた》郡夏山《なつやま》郷に葬られた。その時使われた血染めの白布（打掛の一部）が現在も夏山に残されている。奥平家の「新しい明日」に懸けた戦国の決断は、最も身近な人の「明日を奪う」という代償の上に成り立っていた。[注4]

だが、この時、奥平にはもう一つの読みがあったように思われる。貞能・貞昌父子が作手を脱出して徳川方に走ったとき、貞能の父貞勝（道文）と貞能の弟常勝は武田を離反していないのである。

強大な武田の武力・一方で代替わりの不安を抱える武田の新体制に対して、地元三河の旗頭で次第に地力をつけている若き家康への信頼と、両者それぞれの動きが自家の生き残りとつながっている。貞能父子が徳川に走り、貞勝親子が武田方に残ることによって、少なくも一方が乱世の時代を越えることができる。貞能父子への家康の起請文は二度とない好機であるが、貞勝としては最も確実な奥平家の生き残りを読んでいたことになる。

[処刑の地　略地図]

2　勝頼の苦悩と読み

二年前の武田信玄の死は、一族はもちろん生前の信玄自身にとっても大きな不安の種であった。『甲陽軍鑑』品39は、信玄の遺言としていくつかの指示を記している。

①判をすへをく紙八百枚…諸方より使札くれ候共、返礼を此紙に書（べし）。

②三年間、我死たるをかくして、国をしづめ候へ。信玄は煩なれ共、未存生（と答えよ）。

③跡の儀は、四郎（勝頼）むすこ信勝十六歳の時家督也。其間は、陣代を勝頼と申付候。但、武田の旗（「風林火山」等）はもたする事無用也。

④輝虎（上杉）と無事を仕り候へ。謙信はたけき武士なれば…頼むとさへいへば、首尾違間敷候。

世代交代に不安は避けられないが、新しい時代の到来という未知なるが故の期待も大きい。信玄の遺言は、この相反する二つの雰囲気に飲み込まれないように、周到に準備された父から跡継ぎ勝頼への配慮とも読める。

信玄死去の一年、勝頼は秘喪を守りながら、家康の陽動作戦に惑わされることなく、慎重に次の手を打っていた。[注5]

領内文書の発行………駿河・天野小四郎への知行宛行、継目印書の発行（一五七三年七月）

跡目相続の連絡………本願寺光佐からの勝頼家督の祝いと信玄への書状（一五七三年九月）

家臣団結束への配慮……内藤昌豊宛てに血判の起請文で協力要請[注6]（一五七三年四月）

内藤宛起請文中の「佞人あり、其方身上の儀、申し掠《かす》むる者」の部分は、家臣団に内訌《ないこう》のあることを示している。信玄以来の宿将の中でも、副将格とも目された昌豊を「申し掠むる」と言うのだから、内紛の根は深く、大きい。しかも、勝頼自身が「誓詞を出候人の内…奏者を以って」意見を提出せよと、代替わり後の体制を宿将昌豊に要求している。この新旧ともいえる内部対立の構図はそのまま長篠での「滝川渡河？」の軍議につながっていく。

信玄の死を察知して長篠城を奪った家康に対して、勝頼は秘喪の制約で動くことのできなかった悔しさがある。勝頼を守るための遺言は、一方では多くの途惑いを増幅させていた。

勝頼動く

天正二年（一五七四）に入ると、この一年自ら動くことのなかった勝頼が動きだした。

『信長公記：巻7』・『甲陽軍鑑：品51』等によると、勝頼は二月東美濃の明智《あけち》城を攻め、以後二か月程の間に信長方の十八砦を落とし、帰路の足助《あすけ》城も落としている。[注7]信長父子も二月に入るとすぐ出兵しているが、山岳地帯で武田軍の動きが速く間に合わないうちに勝頼は兵を引いている。この時、家康軍が遠州の犬居《いぬい》城を攻め、越後の上杉軍の動きも勝頼に届いていた。

四月に入ると武田軍は一旦兵を納めるが、五月、勝頼は再び二万余の大軍で甲府を立ち、十二日遠州小笠郡の高天神《たかてんじん》城を囲んだ。三年前、父信玄が攻略できなかった難攻不落の山城である。この知ら

せは在京の信長に十五日には届いている。注8

だが、織田軍が家康救援に岐阜を出たのは一か月後の六月十四日で、十九日に浜名湖の今切渡《いまぎれのわたし》（新居）で落城の知らせを聞くと、二十一日には岐阜へ帰陣している。救援を待ちかねた城将小笠原氏助（長忠）は、この間の十七日に武田軍と和議を結び開城した。

・和議交渉の一方で、城方は最後まで援軍を待っていた。城からは、向坂《さきざか》牛之助が二回にわたって浜松へ救援を依頼している。

・信長は、この時期各地への出兵が重なって動きづらかった。六月二十九日付上杉宛の信長書状で次のように説明している。（『増訂　織田信長文書の研究』による）

「近年、五畿内並江北・越前之儀付而、取紛候つる事…来秋信甲への出勢、得其意候…四郎（勝頼）雖若輩候、信玄掟を守、可為表裏之条、無油断之儀候」

この高天神落城は、若き当主勝頼の武威を示すことになり、武田内部の意気は高まったが、それは同時に内藤昌豊宛の勝頼書状に見られる武田の内訌を増幅する事になった。

●信玄以来の宿将たちの危惧

・東濃の十八砦攻略は武田の支配地を増やすことにはならず、却って信長を刺激する。

・高天神攻略は新たな遠州拠点になるが、信長・家康の支援がない中での落城である。

・勝頼の示威行動は、信玄の秘喪を一年で崩し、近隣諸国を無用に刺激している。注9

○勝頼の新たな側近衆の積極策

・東濃も高天神も、信長の救援は遅く手間取っている。一方代替わりした武田の戦意は高い。

・信長も家康も、年毎に膨張している。先手を打つ必要がある。[注10]

・自給自足の農耕経済と並行して、「商い・商売」活動の強化をはかる必要がある。[注11]

こうして武田の跡目相続と連動しながら次第に深まっていった家臣団の新旧対立の中で、代替わりのエネルギーが、長篠出兵の引き金になっていったように思われる。

奪回の舞台―長篠城

天正三年（一五七五）四月、武田軍は二年前徳川方の手に落ちた長篠城を奪回するべく三河を目指した。長篠城主は、城が徳川方に渡るのと時を同じくして武田方から徳川方へ離反した奥平貞昌である。

武田の若き当主四郎勝頼にとって、この奥平の長篠城はどうしても見逃すことのできない怨念の城であった。父信玄と共に出陣した三方原に続く野田城攻めの帰途、思いもかけず父を失い跡目相続の渦中で身動きのとりにくい時期を見透かしたかのような徳川の揺さぶり、それに応じた武田への離反は、勝頼にとってその悔しさは格別であった。

注1　・山家三方衆…田峯の菅沼・長篠の菅沼・作手の奥平の三氏は戦国期、婚姻等を通じて相互の結束を固めていた。
・豊川三人衆…野田の菅沼・設楽の設楽・さいごうの西郷の豊川流域三氏で、野田方とも。家康帰属は早い。

注2　元亀四年八月廿日付けの奥平父子宛の家康起請文は、『譜牒余録』による。第一条の「貞昌と亀姫の婚儀」は三年後に実現された。第三条、四条は、同じ山家三方衆の田峯・長篠の所領を与えるという。『徹底検証』五章の第7書状を参照。

注3　家康は三月十三日付け信長宛て書状（『大坂城天守閣所蔵文書』）で、米二千俵の礼を述べている。「三百俵長篠」は『当代記』による。

注4　人質処刑は設楽原歴史資料館資料集第5集による。血染めの白布は、現岡崎市額田町夏山の遊仙寺に伝わる。

注5　・上野晴朗氏の『定本　武田勝頼』（「跡目相続」「内政・軍政」の項）による。
・顕如光佐《こうさ》の夫人は信玄の三条夫人の妹である。三条左大臣公頼の娘。

注6　四月廿三日付け「内藤修理亮殿」宛て勝頼の起請文は、『京都大学文学部史料集』第十八による。

注7　足助城攻めは、『菅沼家譜』『菅沼記』の「天正二年春」の項による。

注8　『多聞院日記』天正二年の項：「五月十五日、信長東乱トテ下向」「五月十六日、今四之時分ヨリ信長下国」。

注9　上杉謙信宛て信長書状は、両者が連携して武田に当たろうとする動きであり、武田にとって容易ならざる事態を示している。甲信二か国の周辺を必死で支えている宿将たちの心配がここにある。

注10　天正元年の一乗谷・小谷城の戦いは、三年前の姉川の戦いに決着をつけ、朝倉・浅井は滅亡した。大きな勝利を収めた信長の勢力は、年毎にその支配地を拡大し、ほんの少し前の織田軍とは質の違う勢いがあった。それだけに、「今なら」という対決姿勢が、代替わりのエネルギーとして生まれたのであろう。

注11　秤座守随家宛の天正二年十一月廿四日文書。上野晴朗氏の『定本　武田勝頼』「商工業政策」の項参照。

コラム①

長篠城の若宮八幡

原田隆行（宮下の「亀吉」の孫）

長篠城址史跡保存館の南側に、「長篠城縄張《なわばり》概図」案内看板がある。この看板の右上「本丸」と左下「大通寺」との間に「若宮八幡」と記された文字がみえる。

若宮様　この「若宮八幡」が、「若宮様」とも呼ばれ、今も大切に守られている。しかし、なぜ、ここに「若宮様」があり、「長篠城」とどんな関連があるのかは、はっきりしない。わずかに残る記録として、郷土史研究家でもあった柿原明十氏が昭和九年に発表した『長篠城の今昔』にはこう書いてある。

城の鎮守に　「掘切土居の西端に近く森があって…石祠が三棟ある。勿論皆小…である。旧記に、此石祠の内鰐口《わにぐち》を納めたるが若宮様で、其鰐口は長篠城主奥平信昌が本社を城の鎮守の神として崇敬の為に奉納したものとある。其鰐口も行方不明の由ではあるが、宮下の原田亀吉氏、主となって年々祭事を行って居る」……と。

その後の道路工事によって、本来の場所からは移動したようであるが、現在、木立の中の二十一段の石段を登ると、横一列に並ぶ石の祠を見ることができる。新年・お彼岸・お盆には、欠かさず、お祀りしている。祠は謎を秘めたまま、小さな森の中で、静かに時を過ごしている。

コース②

武田軍、長篠城を包囲

信玄の三回忌を終えると、武田軍は、長篠城奪回を目指した。

1 武田軍、甲州を立つ
2 長篠城攻囲
3 使者の長篠城脱出

丸山俊治、大谷将夫、今泉研吾

今から90年前の長篠城本丸跡（写真提供：柿原　元氏）

1　武田軍、甲州を立つ

武田軍の長篠出兵の時期については、勝頼にとって二つの制約があった。

①参戦する各地の地侍にとって、田植えだけは終わらせておかなければならない。

②信玄の遺言である三年秘喪を、三回忌の四月十二日に明けておかなければならない。

上州安中左近大夫（景繁）への勝頼書状の日付けに、それを読むことができる。[注1]

・「計策之首尾相調候之条、来朔日令出馬候、三日ニ諏訪《すわ》上原《うえはら》へ参陣尤候…　三月廿四日　勝頼」

「来月（四月）一日」なら、何とか田仕事の目途がつく時期である。②の喪明けについては、内藤昌豊宛の四月五日付け勝頼書状が記している。昌豊管轄下の西上野《こうずけ》の直参衆等への参陣要請である。[注2]

・「為始岡谷因幡近辺之直参衆、並ニ各同心、十二日着府候様ニ可有参陣之由、堅催促肝要候」

十二日は信玄の命日であり、三年忌の法要が武田館で行われている。これらの武田軍の動きは、徳川方も早くから情報をつかんでいた。四月十四日、石川数正が名倉の奥平喜八郎に宛てた書面に

・「近日四郎罷出之由風聞候、定而其表へ可相聞候条、能々被聞召届御注進待入候」[注3]

とあり、信玄の三回忌以前から武田の動静を探っていたことが分かる。

この時期、近江の六角義尭の四月廿一日付書状も、「東国之人数至三州（長篠方面の意味）相働旨」と武田軍の三河進攻が記されている。これら、武田軍の長篠攻撃情報は、相当早い段階にかなり正確

に、周辺諸国が把握していたといえる。注4

長篠への道筋

この日を待ちかねた勝頼の命で、武田の各部隊は四月に入ると相前後して三河を目指した。早い部隊は、四月二十日頃には長篠城に迫っている。次は文献の記す攻囲の日である。

四月（期日不明）『松平記』『大須賀記』『浜松御在城記』

四月二一日　『譜牒余録：巻27』（松平下総守の項）『武徳大成記』（一説に「五月朔日」とあり）

五月　一日　『当代記』『菅沼家譜』『譜牒余録：巻27』（奥平美作守）『長篠日記』『武徳大成記』

長篠城周辺に姿を現したのが四月下旬で、城の包囲を完成し、城攻めを始めたのが五月朔日ということであろうか。武田軍の三河への進出は、次の四コースが記されている。

①遠州平山《ひらやま》から宇利峠《うりとうげ》を越えての三河入り……『松平記』『浜松御在城記』『甲陽軍鑑：品52』注5

＊諏訪上原から杖突峠《つえつきとうげ》をへてまっすぐ南下する秋葉道《あきばみち》で遠州に入り、宇利峠から長篠へ向かう。

②遠州二俣《ふたまた》から山吉田《やまよしだ》に入り長篠へ……『菅沼家譜』

＊遠州入りは①に同じ。この道筋に関して、渋川《しぶかわ》郷宛て山縣の五月六日付け高札がある。二俣から家康方の井伊谷《いいのや》を通らず渋川筋で山吉田に向かったと読める。

③足助から作手・野田を経て吉田を攻撃し長篠へ……『当代記』

＊諏訪上原から天竜川沿い三州街道（伊那谷）を南下し、飯田・根羽・武節をへて足助から作手

道で野田に出る。野田手前の徳貞《とくさだ》郷宛の勝頼の四月晦日付け高札（コース⑭参照）がある。

④鳳来寺口から吉田を攻撃し、帰りに長篠を取囲む…………『大須賀記』

＊三州街道の根羽で、吉田《よしだ》へ向かう伊那《いな》街道に入り、津具《つぐ》・田口《たぐち》を経て鳳来寺・長篠に進む。四月十四日付けの石川数正書状は、この道筋を裏づけている。

何れの道筋も、徳川や織田の動きを牽制しており、前年の勝頼の東濃・西遠への示威行動はこの長篠進攻の前触れのようにも思われる。武田の各部隊はあえて四通りの道筋を選んでいたのであろう。

武田軍の吉田城攻撃

この三河進入の途上で、吉田城をいつ攻撃したのか各文献の記述が分かれる。期日は五月六日。

先に吉田を攻撃……『当代記』『大須賀記』『三河物語』　＊『菅沼家譜』は前年の事として記述

長篠包囲後の攻撃…『譜牒余録：巻27松平下總守』『武徳大成記』『当代記』

吉田攻撃を記さない……『信長公記』『甲陽軍鑑：品52』『松平記』『長篠日記』

これについて、地元の牧野文斎遺稿は、二つの指摘をしている。一つは、長篠城包囲直前に起きた岡崎城の大岡弥四郎事件との関連であり、他の一点は、前年春の「武田軍の東濃攻めから足助城攻撃」に続く動きとの混乱はないかという。つまり、吉田攻撃は、天正二年と紛らわしいと。注6

①『当代記』は、長篠城包囲前も包囲後も記している。

・「四月、武田勝頼三川国足助表江出張（作手から野田へ）…自其、吉田江相働、二連木《にれんぎ》を始、所々

放火、吉田には家康公御移令居玉ふ、町中へは敵（武田軍）押入ず引退」 ＊包囲前の攻撃
・「五月六日、牛久保《うしくぼ》表江相働、所々放火、及帰陣の期、橋尾《はしお》の井を切（現豊川市橋尾地区用水）…城を責之時、如此の働無之物之由云々（こういうことはしないもの）」 ＊包囲後の攻撃
②『譜牒余録―巻27（松平下総守）』・『武徳大成記』の記述は、包囲後である。
・「五月六日、勝頼兵ヲ分テ二連木・牛久保ヲ焼払フ」
③『菅沼家譜』には、前年の「東濃攻めから足助城攻撃」に続く記述がある。
・「勝頼濃州帰陣、四月十五日、三州エ出張シ攻足助城…定盈《さだみつ》カ城エハ山形三郎兵衛…勝頼吉田二《に》連木《れんぎ》エ働、宮崎《みやざき》ノ方エ懸、甲州エ引入（帰陣）」 ＊文斎は、天正三年との混乱があるという。
長篠城包囲前にしても、城を囲みながらにしても、西に七里（一里は約四km）以上離れた家康の吉田城方面を攻撃したという武田軍の動きには、「家康を城外に引き出して決着」のようにも、また「大岡弥四郎事件の影響」を探ろうとしたようにも取れる。吉田城は門を堅く閉じ、応じなかった。

2　長篠城攻囲

武田軍一万五千は、乗本川《のりもと》（現三輪川）と滝川（現寒狭川）の断崖に挟まれた長篠城を包囲し、両川の対岸には監視隊が置かれた。包囲の武田軍について、地元文献の『長篠日記』宗堅寺《そうけんじ》本系に布陣図があり概略が記されている。名前の記述は史料（本文と布陣図）のままとし、カッコ内氏名は補足

である。[注7]

△城の北（大通寺方面）………城攻衆、小山田（信茂）、馬場（信房）、山縣（昌景）、典厩（武田信豊）

△城の西北（天神山方面）…真田兄弟、土屋右衛門、逍遥軒（武田信廉）

△城の西（滝川左岸）………高坂源五郎

▲城の北奥（医王寺山）……**勝頼（長篠）本陣**

△有海側（滝川右岸）……穴山梅雪、小山田備中、一条右衛門*　*は付図になく、本文に記述

△乗本側（大野川左岸）…鳶ヶ巣山に武田信実、各砦に武田勢

乗本側では、長篠城を眼下に見下ろす鳶ヶ巣の峰々から、城内と共に川筋からの城への出入りを厳しくとがめていた。

囲んだ武田軍の兵力について、文献の数字は微妙に異なる。

・一万　『当代記』

・一万五千　『信長公記』、『甲陽軍鑑：品52』

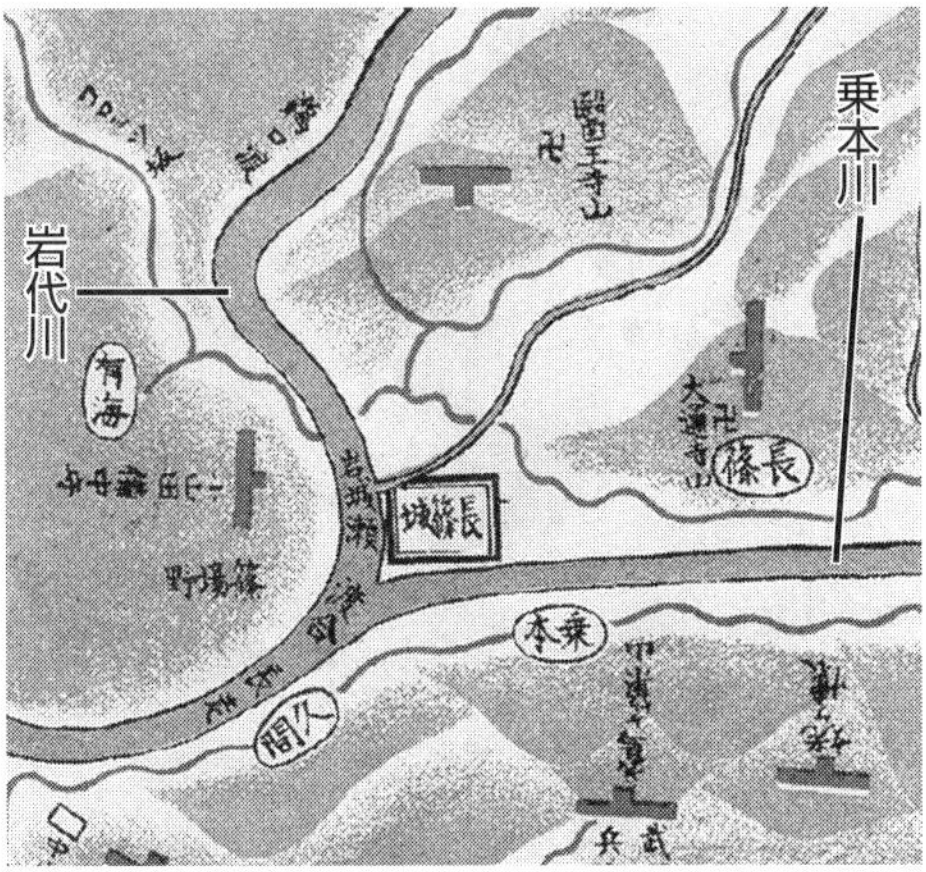

皆川登一郎の『長篠実戦記』による

・一万八千　『寛政諸家譜：巻五四六奥平信昌』
・二万　『武徳大成記』、『松平記』（二万五千）
・数万騎　『長篠日記』『總見記』
当事者双方の記録である『信長公記』と『甲陽軍鑑』の数字はともに一万五千で奇妙に一致する。

守る長篠城の兵力は、普通五百とされているが、記すものは極めて少なく、近代の記述が多い。
・『三州長篠合戦記』（江戸後期）　四百余（松平景忠、松平又七郎家忠・松平親俊）
・『日本戦史　長篠役』（明36）　五百（奥平関係二百五十、加勢二百五十）
・『明治郡誌』（明41）　七百（奥平関係五百、加勢二百）
・『牧野文斎遺稿』（大10）　五百加勢
・『中津藩史』（昭15）　四百（奥平関係二百五十、松平関係百五十）
戦い二年前の八月、作手脱出時の奥平勢について、『長篠日記』系に「奥平手勢二百余」の数字がある。翌九月（十六日）、家康は奥平貞昌を長篠の城番に命じているので、この「二百余」が基になり、同じ城番で加勢の松平景忠等の兵を加えて四百から五百ということになる。注8
城兵五百とすると武田軍は三十倍の一万五千であるが、当初の包囲はゆっくりしていた。

武田軍の猛攻

徳川にとって、武田の奪回行動は必至と読んでおり信長と連携をとりながら準備を進めてきた。籠

コラム②

城跡に住む

林　里江子（長篠城歴史遺産部会委員）

大通寺からの景色は格別である。眼下に本丸を見降ろし、正面に鳶ヶ巣山を控え、川向こうの有海原は決戦の設楽原に続いている。八年前、大通寺の南東の隅に、四百年のときを経て、城藪《しろやぶ》稲荷が本丸から移転した。お稲荷様の〝小話〟と一緒に……

「おとら狐」の怒り　長篠城が廃城になったとき、城のお稲荷様の一つがとり残され、祀る人がいなくなった。お稲荷様のお使い番の狐が怒って、様々ないたずらを始めた。狐が近くの人に「取り付き」、「おとら」という女性に戦いの話ばかりをさせたり、周辺の田畑を荒らして困らせた。話を聞いた弓の名人林藤太夫がカラスに化けた「おとら狐」の足を弓で射ると、かえって狐に取りつかれた人は足の具合も悪くなった。困った村人は、京都伏見からお稲荷さんをお迎えして昔のように二つの稲荷様をお祀りすると、「おとら狐」の怒りは納まった。

先祖が眠る　武田四将の「水杯の井戸」も大通寺にある。その西側に我が先祖の眠る墓がある。林家は初代の林藤助光政以来徳川方で、長篠城の戦いでは、地元勢の一員として鳶ヶ巣山で戦死している。戦後、二の丸や周辺の土地を恩賞として家康公からいただいたというが、時がたち、「末代まで大切に」の言葉が重くのしかかる。変貌の激しい「今」という時代、何を守るのか、と？

城に備えて兵糧米の確保、本郭周辺の整備、城番制に替えて城主制の採用などである。城主に奥平貞昌を据えたのも、貞昌の器量は勿論であるが、武田を離反した奥平にとって武田への降伏はありえないからである。『譜牒余録：巻27松平下總守』を中心に、城の攻防を追う。

四月二十一日　武田軍城を囲み、昼夜を分かたず攻める。

五月　六日　武田軍の一部、牛久保から吉田を窺う。

八日　全軍を長篠に集中、包囲を強めた。

十日　家康、信長へ後詰を注進（『松平記』他）

十一日　寄手、合流点の緩斜面の崖を川から登り、野牛郭への侵入をはかるが退ける。

十二日　本郭の西隅に攻め寄せ、金掘が土居の掘崩しをはかる。城内からも地中を掘り鉄炮を放った。

十三日　夜、瓢郭に攻め寄せ、土居代わりの塀を所々引き倒され、夜半の内に瓢郭の守備隊を引き上げた。武田方はここへ井楼を立ち上げようとしたので大筒で打ち崩した。城の糧庫を奪われた。

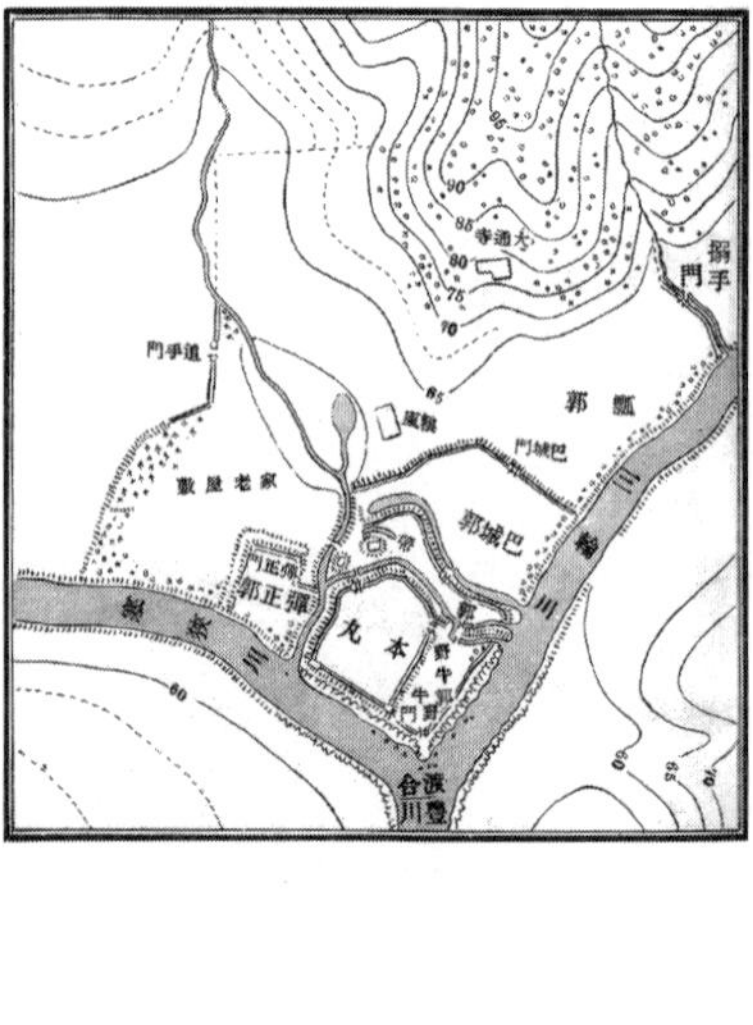

川合森之助の『長篠戦略記』による

十四日　武田軍総攻撃。鉄炮で防ぐ。糧庫を奪われたので、残りは四・五日分という。武田軍の攻撃激しく、城の窮状を知らせる使者を立てた。使者は二人である。（コース⑬参照）

十五日　この日以降の城の攻防については、記されていない。

十六日　岡崎から戻った使者の強右衛門は、城の近くで武田方に捕らえられ磔になったが、長篠城には「救援間近」を、武田軍には容易ならぬ事態が迫っていることを知らせた。

＊二人使者説には、強右衛門は城へ、金七郎は道案内で後詰の部隊に同行した説がある。

十八日　信長軍本隊が、長篠城の手前一里半の極楽寺山に着陣。家康軍は弾正山に布陣。

待ちかねた信長の援軍が三万八千の大軍で設楽原に着陣すると、武田軍の攻撃は止み、城はついに持ちこたえた。一転して、城を囲む武田軍の動きが慌ただしくなった。

鳴子網を川に設置

城の南をはさむように流れる滝川・大野《おおの》川の合流点下流の「長走《ながばしり》」に、武田軍は鳴子網を張り、長篠城を隙間なく取り囲んだ。　＊鳴子網…川面に張り、何かが網に当たれば、鳴子が音を出す仕掛け[注9]

「所々に見張番を置、滝川へ縄網を張、毎日きびしく攻寄ル」『譜牒余録・巻二七（奥平美作守）』

これについて、牧野文斎は『設楽史要』（柵と網の項）で次のように異を唱えている。

「城を攻めるのなら、障害物を取り払い、なるべく城へ近づけるようにするのが普通。だから、鳴子網は下流から来る敵を防ぐ、城方の設備ではないか？」、武田軍の設置は疑問、と。

甲州の金掘り作戦

『信長公記』（池田本）は、武田軍が鉱山技術者（金ほり）をいれて長篠攻撃をしたと記している。

「近々と円（大、円は誤り）通寺山ニ陣取、長篠を見下し、金ほりを入、既ニ之丸へほり入候を、引退、塀を付直し、被相拘、五日十日之内ニハ可為落去様躰（城は落ちてしまう状況）」

『譜牒余録：巻二七（松平下総守）』「敵兵本丸ノ西ノ隅ニ攻寄、金掘アマタ入レ土居ヲ掘崩シ攻入ントス…城内ヨリ地中ヲホリ鉄炮ヲ放ツ」

本丸近くの二の郭まで攻め込んできたので落城は近いという。守りが少しずつ崩されていく。

・「金ほり」はどこを掘ったのであろうか？『譜牒余録』では、「城内ヨリ地中ヲホリ鉄炮ヲ放ツ」というが、「城内から」は考えにくい。地元文献の『長篠日記』は、「金ほり」を記していない。

・『当代記』は、「本丸の西の角へ敵仕寄、土居江金鑿を入、大石ヲ掘崩、谷へ落ス」という。この方が分かりよい。

長篠城の鉄炮使用

奥平軍の鉄炮使用を『譜牒余録』が記している。武田軍の鉄炮使用の記述は見られない。

・十二日、十三日夜半、十四日…「城の攻防を追う」で前述

・十三日夜…「（間近く引請）月夜カケニ鉄炮ヲ放ツ」、『寛政諸家譜：巻五四六』でも「月影に透して……（井楼を上へき体に見えしかば）鉄炮数挺をうちかけ本丸よりも異風筒を発ち[注10]」

籠城軍の鉄炮使用を裏付けるように、平成の長篠城跡試掘調査で二十一個の玉らしきものが出土した。このうち十五個が純度の高い鉛玉で、一個が半田（鉛と錫）、五個が銅玉であった。設楽原で銅玉は出土しておらず、長篠城での銅玉の出土比率が高い。銅玉が火縄銃用かどうか？（コース⑩へ）

乗本五砦の役目

武田軍は、大野川を挟んで対岸の乗本側に五つの砦を設け、武田兵庫信実を中心に千人を次のように配置した。

君《きみ》ヶ《が》伏床《ふしど》…和田兵部（西上野衆）
姥《うば》ヶ《が》　懐《ふところ》…三枝守友、同守義（足軽大将）
鳶ヶ巣山…武田兵庫信実（信玄・信廉弟）
中山………名和・飯尾・五味（浪人衆）
久間《ひさま》山……倉賀野・大戸主従（西上野衆）・和気善兵衛（元今川）

有海原と異なって、乗本側は急勾配の山並みが迫り、包囲網は粗くてもと思われるが、武田軍は厳重な監視態勢をとっている。その理由は、

・第一に、この鳶ヶ巣山一帯は長篠城を見下ろし、城内

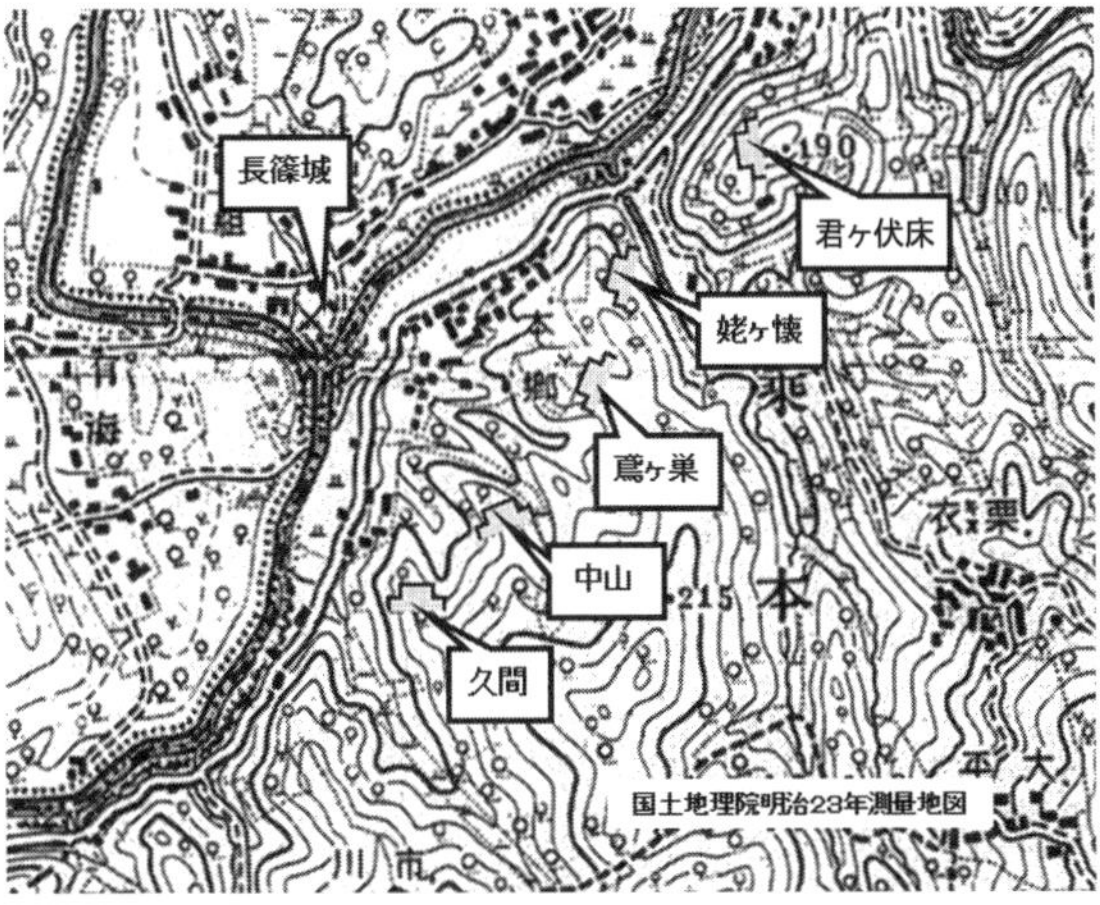

国土地理院明治23年測量地図

の動きをさぐる好位置であること。

・第二に、地形的に外部と城との接触（山伝いと渡河）が唯一可能な地域であること。（二年前、長篠城を奪回した時の家康は、武田軍の挟撃を避けてここから吉川へ脱出している）

・武田軍の小荷駄基地が置かれたと思われること。（『設楽原戦史考』の「鳶ヶ巣夜襲の成功」による）

等が考えられる。重視していた証に、勝頼は叔父武田兵庫信実を乗本五砦の大将にしていた。

ここは武田軍の読みであろうが、連合軍はやがて「鳶ヶ巣砦の奇襲」というその上を行く作戦に出たのである。

3　使者の長篠城脱出

長篠城の対岸である有海の篠場野《しのばの》に、「鳥居強右衛門勝商《すねえもんかつあき》磔死之碑」が立っている。近くの新昌寺《しんしょうじ》には宝暦十三年（一七六三）の自然石の墓碑が、大正九年の大改修で広げられた五十坪の玉石垣の中に移され、現在も建立当時の姿（一三〇cm高）で祀られている。

十四日の夜半、無事に城を脱出した強右衛門は、岡崎への使者の役目を果たし、その足で再び城へ戻ろうとしたが、城の直前で武田方に捕らえられ、磔となった。彼のもたらした「信長、来る！」の援軍情報は見事に城の仲間を救い、武田軍に衝撃を与えた。

◆鳥居強右衛門とともに城を脱出したもう一人の使者鈴木金七郎《きんしちろう》の帰途については、救援軍の道案内をしたとも貞能（城主の父）を訪ねたともいうが記述がない。ただ、戦後まもなく金七郎は武士をすてて、作手の大田代《おおたしろ》で田畑相手の百姓に戻った。（コース⑬へ）

使者の役目と使者へのためらい

救援の使者を立てるための城主の依頼に、多くのものが「（自分が使者として出た後、もし落城になれば生き残る自分は）末代までの恥辱」といって使者の役を受けるものが出なかったという。そこには、一年前の高天神城の使者であった向坂牛之助のことも念頭にあったと思われる。

◆牛之助は武田軍の厳重な包囲を抜けて、二回浜松の家康への使者の役目を果たし、その功労で家康に百貫文の賞を与えられながら、最終的に高天神が落城すると、牛之助は「武田に通じていた」として処刑された。元亀四年の長篠城（武田方）落城の場合の城主菅沼正貞も、武田方へもどったのに相手方（家康）への内通を疑われて幽閉されている。牛之助にしても正貞にしても、割の合わない主の対応である。それが「戦国」と呼ばれる時代であった。[注11]

長篠城包囲ライン

戦国ウォーク・コースガイド

この長篠城包囲ラインは、三コース。「鳶ヶ巣五砦コース」は案内が必要。

長篠布陣コース……長篠城址と城を取り囲んだ武田軍の長篠側布陣地を歩くもので、長篠城址が起点であり終点。途中、国道を横断するので要注意。

城址→搦手門跡→若宮→大通寺《だいつうじ》→医王寺《いおうじ》→天神山《てんじんやま》→追手門跡→馬場塚→城址

長篠城一周コース……長篠城を取り囲む長篠・有海・乗本の三つの地域を一回りするコースで、長篠城址が起点であり終点。途中、国道・県道・市道を歩き、JR飯田線の踏み切り、豊川の高架橋等要注意。

城址→長篠大橋へ→最初の信号（有海）左折→新昌寺（強右衛門墓等）→強右衛門磔碑→牛淵橋→本久地区の旧道→県道を横断して文化橋へ→城址

鳶ヶ巣五砦コース……武田軍の鳶ヶ巣山陣地を廻るもので、起点はJR飯田線鳥居駅、終点を長篠城駅が便利。五砦の内、中山砦跡は新東名工事で消失、久間・君が伏床も分かりにくい。地元乗本の梶村昌義氏の五砦資料が参考になる。

鳥居駅→牛渕橋→（本久から直登）鳶ヶ巣山→姥ヶ懐の三枝塚→長篠城駅

＊全砦を回るには、案内付きでも半日はかかる。

注1　・安中氏は上州（群馬県）安中地方の豪族で、百五十騎。書状は『愛知県史・織豊』（一〇七四）による。
・甲斐国境に近い茅野市の諏訪上原城は、武田氏の信濃攻略の拠点。この長篠出兵でも諸部隊の集結地。

注2　天正三年四月五日付け内藤修理亮宛て勝頼書状は、『信濃史料：第十四巻』（長野県信濃史料刊行会）による。

注3　名倉の奥平喜八郎信光（作手奥平の庶流）は、前年十一月には武田勝頼から「塩硝領納快意候」と礼状を受け、四か月後の本状では徳川方である。書状は『愛知県史：織豊』（一〇八一）による。

注4　「本善寺文書」、『岡崎市史別巻―徳川家康と其周囲』による。

注5　ここの「平山」は、三ヶ日の平山ではなく、佐久間（浜松市）の竜山地区の「上平山・下平山」と思われる。

注6　『設楽原戦史考―牧野文斎遺稿』の「勝頼進路の異同弁」による。

注7　武田軍包囲の布陣を記す記述は少ない。他には、城前面の大通寺山を『菅沼家譜』が記すのみである。

注8　・天正元年、家康は長篠城を武田方から奪うと、五井（蒲郡市）の松平弥九郎景忠・形原（蒲郡市）の松平又七郎家忠とともに若い奥平九八郎貞昌を城番にすえたが、三年二月には貞昌を城主とした。『松平記』他
・長篠城の籠城兵力を記す文献が皆無に近いことを、大向義明氏は山日ライブラリー『長篠の合戦』でいう。

注9　長く（両岸にとどく）丈夫な綱に、二間丸太を縦に結びつけて浮き木とする。この浮き木に、網を取り付け、網の所々に手頃な石をつけて錘とする。この網の中央部に細い綱（ひも）を結びつけて、岸辺に備えた鳴子につなぐ。

注10　異風筒：大型銃を扱う打ち手を「異風」と呼んで恐れたことから、大口径銃を指す。抱え筒で、銃把の部分が細短かくすぼまっている。『銃砲史研究』二四四号の所壮吉氏論稿参照。

注11　向坂牛之助：高天神城主小笠原家臣。『諸家系図纂』の「高天神小笠原家譜」、『寛政重修諸家譜』の「小笠原義頼譜」による。高柳光壽『長篠の戦』（春秋社）参照。

コース③

連合軍の設楽原進出

三方原も高天神城も、信長の救援は間に合わなかった。比べて、長篠後詰は早かった。

1 信長、岐阜を立つ
2 設楽郷に着陣
3 最前線の家康本陣「弾正山」
4 『信長公記』の「あるミ原」

栗野二六、服部武幸、村田昭一、小林芳春

1　信長、岐阜を立つ

四月下旬長篠城に姿を現した武田軍は、五月八日、本格的な長篠城攻撃を開始した。

武田軍による激しい攻撃のいつの時点で、家康が同盟相手の信長に「後詰」を要請したのかはっきりしないが、『松平記』には「五月十日、早馬を以て信長へ注進有」とある。そして、十三日に信長は長篠救援に出発している。一年前の高天神城救援に比べ断然動きが速い。[注1]

この決戦前の信長の動きを『信長公記』で追ってみる。

三月下旬　「武田四郎三州の内あすけ（足助）口へ相働候。即、織田菅九郎…御出陣。」

四月廿一日　「京都に至って御馬を納れられ、天下諸色仰付けらる」

四月廿八日　信長は京から「辰刻、岐阜御帰城」

5・11 信長書状（熱田神宮祝師宛）御祓への礼状。文中「近日至三州表出張之条」とある。

五月十三日　**長篠後詰に、信長・信忠岐阜を出発**。熱田神宮に陣をかけ、八剱宮再建を指示。

五月十四日　「岡崎に至而御着陣。次日、御逗留。」＊長篠から救援の使者到着[注2]

5・15 信長書状（在京の長岡兵部宛）鉄炮手配へのお礼と今の動きや勝算。

書状の後段「昨日十四至岡崎着陣候、明日者、敵陣取近所迄人数押出、可相備候、於無敗軍者、所与天候条、可根切候、猶吉左右追々可申送候」

五月十六日　「信長、牛窪之城御泊」、城警護のため丸毛兵庫・福田三河守を配置。
五月十七日　「野田原ニ野陣を懸させられ」
五月十八日　「推詰　志多羅（設楽）之郷極楽寺山に御陣」、本陣を置く。

岡崎着陣以降の信長軍の動きは、それまでと比べて急速にペースを落としている。

・岐阜→熱田　（三二㎞）　熱田泊（熱田社に陣）
・熱田→岡崎　（三二㎞）　岡崎城二泊　＊家康と合流
・岡崎→牛久保　（三〇㎞）　牛久保城泊
・牛久保→野田　（十二㎞）　野田泊（野陣）
・野田→設楽原　（七㎞）　十八日、設楽原入り口の極楽寺山に本陣を置く

岡崎城二泊は、徳川軍を交えて、武田軍相手の対戦計画等を家康と協議したのであろう。十五日付け信長書状（細川藤孝宛）に、「〈明日は敵陣近くまで進み〉相可備候、於無敗軍者……〈武田軍の〉可根切候」と記し、信長の作戦計画が整ったことを感じさせる。

翌十六日、牛久保城では、丸毛兵庫頭と福田三河守を同城警固に残して出発している。五年前の朝倉攻めの際、浅井軍の反旗で退路を断たれた苦い経験を繰り返さないための措置であろう。

牛久保から野田経由で設楽原へは、優に一日で進軍可能な所であるが二日をかけている。武田軍との全面衝突が想定される馬防柵設置ラインの事前確認が必須であり、そのためであろうか。

2　設楽郷に着陣

十八日、信長が本陣を置いた「志多羅之郷極楽寺山」は、長篠城から直線で五km以上離れた設楽東郷《ひがしごう》の入り口である。上平井《かみひらい》地区の平井神社の清め水の奥に「織田信長旗本地」の石標があり、用水を隔てて「織田信長本陣極楽寺跡」の石標がある。武田軍の猛攻にさらされている長篠城の救援を思うと、長篠城はまだ遠く「もう少し近づいたら」という感じのする場所である。

着陣後のすばやい対応

①早速の布陣　『信長公記』は「一段地形くぼき所ニ候、敵かたへ不見様に段々ニ御人数三万計被立置」と説明している。中身は、次の三点である。

・菅九郎殿、新御堂《にいみどう》山に御陣取[注3]

・家康公ころみつ坂の上高松山に陣を懸（「先陣は国衆の事に候間[注4]」）

・滝川左近・羽柴藤吉郎・丹羽五郎左衛門　あるミ原へ打上…東向に備（両三人左へ付て[注5]）

②柵の設置　各部隊の配置とともにすぐ行われたのが馬防柵の構築であろう。

・家康公滝川陣取之前ニ馬塞之為柵を付させられ（『信長公記』他）

■**書状の記す信長の戦略**…五月廿日の信長黒印状〔長岡兵部太輔宛〕

十五日書状に続き「鉄炮準備」について祝着とし、その後の動きを知らせている。

・武田軍は前後とも動きにくく「却而擒《とりこ》候」である。従って、「此節根切」のつもりである。

折帋令披見候、鉄炮之事被申付令祝着候…去十七日牛久保と云地より人数押出候、長篠との間三里余候、敵之備雖為節所、十八日押詰鉄炮放候、通路も不可合期候、却而擒候、此節根切眼前候、猶追々吉左右可申送候、謹言

『信長公記』の「御案」と対応し、「馬防柵ラインで戦う」信長の作戦が読み取れる。

①「通路も不可合期」と相手を前後にはさんで、「擒」の状況をつくる。

・滝川を渡河した武田軍にとって、後は谷と長篠城、前面は「馬塞ぎの柵と鉄炮」、南は峡谷、北に急峻な山並み。四面を囲まれ、自由が利かない状況になったことは確か。

②大量に用意した鉄炮を、馬防柵で活用する。柵は防御施設であり、鉄炮は攻撃である。

勝頼の「無二彼陣へ乗懸」とは、対照的な信長の「可相備候」である。

『信長公記』の記す武田対策

次の部分は、信長の武田対策を述べると同時に設楽原決戦の一面を示している。

信長被廻御案、御身方一人も不破損之様ニ、被加御思慮（御賢意）注6

（意訳：信長公が考えをめぐらし、味方の犠牲が一人もないように工夫された）

「御案を廻らされ」の御案とは何か？　これ以降の記述から二つが浮かぶ。

①ひとつは、続きに記されている「鳶ヶ巣山の急襲」（坂井左衛門尉大将）。

・「家康公御人数之内、弓・鉄炮然るべき仁」と「信長御馬廻鉄炮五百挺」で鳶ヶ巣守備隊を追い払い、長篠城の落城を防ぐこと

②もう一つは、「御下知次第可仕之旨、（兼而より堅）被仰含」の鉄炮の使用である。注7

・鉄炮を以而、散々ニ打立（一番）

・御人数一首も御出なく鉄炮計を相加、足軽にてあひしらひ（四番）注8

「御案」の直後の文の続き具合から①が考えられるが、両軍衝突時の「御身方一人も不破損之様ニ」はむずかしい。②の部分が具体的な手立てととれる。

極楽寺山軍議

次は、地元の『続柳陰』（沿道案内記）の信長本陣の記述である。

・町ハズレ左ノ方ニ八剱《やつるぎ》山見ユル、極楽寺跡トモ云。平井村。長篠御陣ニ、家康公・信康公・信長・信忠、信雄、五大将初御一所ノ御陣場也。　…同方川上《かわかみ》村　茶臼山《ちゃうすやま》　信長卿御陣場。

この信長本陣について、地元に、酒井忠次の恵比寿舞と鳶ヶ巣攻め献策の伝承がある。

＊恵比寿舞：七福神の恵比寿に扮して踊り、場を和ませる。

○五月二十日、武田軍の設楽原進出をみて開かれた極楽寺山軍議の席

で、忠次は所望されて「恵比寿舞」を舞ったという。彼の隠し芸は、緊迫した雰囲気を和らげ諸将を元気付けた。その後、ここは「えびす組」と呼ばれ現在に至っている。

＊その一角が「夷ヶ谷城」と呼ばれ、松平忠明（信昌四男）誕生の地である。

○軍議で、忠次が「鳶ヶ巣急襲」を献策したところ、信長の怒りをかった。後程、策のもれるを恐れての事と、逆に褒められ、鳶ヶ巣攻撃隊長を命じられた。夕刻本陣を出発した酒井急襲隊は大きく迂回しながら、翌二十一日夜明けとともに鳶ヶ巣五砦を攻略した。

新御堂山と御堂山

信長嫡男の信忠の布陣場所は、文献によって異なるが、地元文献の多くは天神山（富永）である。

・新御堂山　『信長公記』

・御堂山　『信長記』『總見記』『家忠日記増補』『武徳大成記』

・天神山　『長篠日記：小野田本』『武徳編年集成』『続柳陰』『参河国名所図絵』

新御（見）堂山は場所もはっきりしており、織田信雄の陣場と伝えている。御堂山の位置は不明。

五大将の陣場

『続柳陰』のいう五大将の陣場を、地元の伝承をもとに西から東へ順に並べると、次のようになる。

・極楽寺山……信長本陣

・新御堂山……（信長次男）信雄

・天神山………（信長嫡男）信忠
・松尾山《まつおやま》………（家康嫡男）信康
・弾正山………家康本陣（『信長公記』では高松山）
この配置は、総大将の位置・親子の関係・信長と家康の関係・援軍を依頼した家康の立場・武田軍の動きを勘案すると、なんとなく納まりがいい。徳川信康の場合、国衆としての徳川の立場からは家康と同じ弾正山周辺とも考えられるが、弾正山背後の用心・手立てとして松尾山は好位置である。

織田軍の配備

『信長公記』が布陣について名前を挙げているのは、「信長・信忠の陣」「滝川左近等三人の有海原打上」「佐々内蔵介等五人の鉄炮奉行」の三か所だけである。これに合戦屏風の配置、宗堅寺本系付陣図を参考にまとめたものが次であるが、織田軍布陣を記す史料は少ない。

信長本陣………極楽寺山（平井神社一帯）→（茶臼山）　△観戦指揮　弾正山

■本陣前　信雄（新御堂山）、信忠（天神山）
□先手中央　滝川左近・羽柴藤吉郎・丹羽五郎左衛門（弾正山の北側から石座山にかけて）
□先手左翼　佐久間信盛（丸山方面）・池田信輝
△鉄炮隊（鉄炮奉行）　佐々成政・前田利家・塙直政・福富平左衛門・野々村三十郎
□柵内守備隊　蒲生氏郷・森長可・五畿内寄合衆・近江寄合衆・若狭丹後寄合衆

＊当時、蒲生氏郷十九歳、森長可十七歳である。
＊**茶臼山本陣**を記す地元文献：『長篠日記』『続柳陰』『菅沼家譜』

3　最前線の家康本陣「弾正山」

長篠城救援を信長に依頼した家康にとって、信長のすばやい出陣とその大部隊は、戦いを前にして随分心強かったに違いない。自陣を武田との衝突最前線に置くことに何のためらいもなかったであろう。それは、国衆としての心得であり、それだけに万一への備えが嫡男信康の後方配置ではなかったかと思う。信康は、弾正山とは大宮川を挟んで対岸の松尾山である。

家康本陣は「弾正山」

次は、各文献が記す家康本陣である。

・弾正山　『長篠日記』『続柳陰』『参河国名所図絵』『總見記』
・高松山　『信長公記』『信長記』『武徳大成記』
・八釼《やつるぎ》高松山　『松平記』『家忠日記増補』

この三者は同じところを指し、地元記述の「弾正山」である。

ここは、現在東郷中学校の裏山で、東側部分を「弾正山」と呼び、西側部分は八釼神社の関係で

「八釼さま」とか「八釼山」と呼んでいる。『松平記』の表記はそのためであろう。高松山は松の巨木に因む名であるが、戦い当時大木があったかどうかは分からない。

＊弾正山と断上山：明治二年十一月の伊那県足助局の布令書（太政官布告）に「式部・兵部・弾正…官名国名等、右者御役名ニ付憚リ可申…急度、改名可致事」とあり、「弾正」の名を憚り、村が「断上」と変えたようである。

徳川軍の配備

家康本陣の弾正山の東前方を中心に、南はＪＲ飯田線の連吾川鉄橋付近から北は柳田橋手前までが、徳川軍の布陣範囲と思われる。連合軍としては右翼である。文斎遺稿の『設楽原戦史考』をもとに宗堅寺本付図を参考に徳川軍八千の主な配備を記す。

家康本陣　**弾正山（八釼山）**

□本陣前　本多平八郎忠勝、榊原小平太康政、内藤四郎左衛門正成、植村庄右衛門正勝

□柵内守備隊　大須賀五郎左衛門康高、本多作左衛門重次、鳥居彦右衛門元忠、菅沼小大膳定利[注9]

□先手：柵外応戦隊　大久保七郎右衛門忠世、大久保治右衛門忠佐、成瀬吉右衛門正一、日下部兵右衛門定好、牛久保衆

□松尾山後方部隊　徳川信康、石川伯耆守数正、平岩七之助親吉

■鳶ヶ巣急襲隊　酒井左衛門尉忠次、松平真乗、本多康重、松平主殿伊忠、菅沼定盈等東三河勢

4　『信長公記』の「あるミ原」

信長本陣の記述に地形面の違和感はないが、『信長公記』の家康布陣地についてては疑問が多い。

先陣ハ国衆之事ニ候間、……………………………a　・国衆：国侍、土着の武士
家康公ころみつ坂の上高松山に陣を懸させられ、…………b　・ころみつ坂：有海と清井田の間の坂
滝川左近・羽柴藤吉郎・丹羽五郎左衛門　両三人左へ付て…c　・高松山：該当地域にこの名の山はない。
同あるミ原へ打上……………………………………d　・あるミ原：普通は有海西の台地をさす。
武田四郎に打向、東向に備られ………………………e

疑問の第一は、「ころみつ坂」の位置である。

右表bは「ころみつ坂の上高松山に陣」と記すので、実際の「ころみつ坂」で考えると家康の布陣が、長篠城を見下ろす有海地区内の高台になる。ところが、同じ『信長公記』のいう武田軍の布陣場所は「あるミ原三十町計踏出し、前に谷をあて」とあるので、武田軍が家康軍を越えてはるか西に布陣することになる。つまり、『信長公記』の「ころみつ坂」は、位置がおかしい。

第二の疑問は、「前に谷をあて」の「谷」である。

長篠対岸の有海から極楽寺までの河川は、東から順に次の四本である。

五反田川《ごたんだがわ》（支流：宮下川）、連吾川、大宮川、半場川《はんばがわ》

コラム③

「日本一短い手紙」発信の地〝設楽原〟

小林正躬（東郷中元校長、25年没）

平成六年、福井県丸岡町がまとめた『日本一短い「母」への手紙―一筆啓上』は、大きな感動を全国に届けた。四百年前の戦国武将の短い手紙に、新たな光が届いたときである。

「一筆啓上　火の用心、おせん泣かすな馬肥やせ」（普通）

「一筆申す　火の用心、おせん病ますな馬肥せ」（『翁草』の場合）

＊「おせん」がうんと幼ければ「泣かすな」、三つ子以後なら「病ますな」の感じ

書いた人：徳川家三代に仕えた「本多作左衛門《さくざえもん》重次」（一五二九～一五九六）。生まれは三河の岡崎、没したのは常陸《ひたち》の井野（取手市）。手紙を書いた直後の五月二十一日、設楽原の決戦で七か所に傷をうけ、目を痛めたという。

書いた時：天正三年五月十八日～二十日の間　↑着陣と開戦の間

書いた所：設楽原の陣中（現在の新城市東郷中グラウンド付近）↑徳川家康軍の布陣地内（弾正山東南側と思われる）

受け取った人：重次の妻女、当時妻女は浜松か岡崎である。

「おせん」：重次の長男仙千代、成人して「成重」となり、後に丸岡城四万石の城主となっている。一説に「おせん」は女の子だという。＊神澤貞幹『翁草』（巻百五十五）牧野文庫本による。

『松平記』に、「勝頼の陣、柳田の山には俄にかまへしかば」とあるので、これと整合するのは連吾川である。連吾川ならば、「柳田の山」との関係で『甲陽軍鑑：品14』の記す「信玄墳」、地元地誌が記す「信玄塚」の伝承とも合致しムリはないが、改めて『信長公記』の「ころみつ坂」が弾正山の坂をさすことになる。『信長公記』の筆者は、「ころみつ坂」を「長篠に向かう坂」とみている。

第三の疑問は、「高松山」の呼称と所在である。

現在、高松山の呼称はないが、松の大木の伝承は、弾正山にもころみつ坂の上にもある。注10

・弾正山の場合は、「大木の松」等の記述はあるが「高松山」の呼称はない。

・ころみつ坂の場合は、「高松山」の記述が、江戸中期の『続柳陰』と大正の地元の記録にある。『続柳陰』の有海村の項は、「高松山、コロミツ坂、信玄縄手、岩代の渡り」と記され、「ころみつ坂の上高松山」の位置が明示され、これらの地名が有海村のものだという。これは、家康や滝川らの布陣が「有海」になり、「三十町計踏出し」と整合しない。「家康陣地がころみつ坂の上高松山」というのは正しくないが、「ころみつ坂の上高松山」の呼称に問題はない。

第四の疑問は、滝川左近等の「あるミ原へ打上」である。

家康陣地が「弾正山」であるから、当然「左へ付」の滝川等も弾正山になり、有海の地ではない。ところが、『信長公記』に「同あるミ原へ打上」とあるので、「『ころみつ坂』は誤りだが、弾正山一帯も『あるミ原』」と呼んでいたのではないかという解釈がでてくる。

この点については、

①「あるみ原」と呼ばれるには、そこが「あるみ(有海)」と呼ばれる地域事情があるはずであるが、弾正山一帯は当時も今もそれ以前も「あるみ(有海)」であった記録はない。

②逆に、狭い「あるみ原」を意味する事例がある。吉田藩佐野蓬宇《ほうう》の「日次記」である。[注11]

・九月朔日　晴「下々村より長篠道に入り清井田《きよいだ》、有海を過ぎ有海原、鳥居…墓、長篠…」

ここでは、有海でも長篠寄りのごく狭い平地を「有海原」としている。

また、史料として問題は多いが、小瀬甫庵の『信長記』の「有海原」記述は興味深い。『信長公記』と『信長記』の「有海原」の記述を比較してみる。

・甫庵の『信長記』……「秀吉卿・滝川…・丹羽…はあるみ原に向て陣を張り」[注12]

・牛一の『信長公記』…「両三人左へ付て同あるミ原へ打上、武田四郎に打向」

牛一『信長公記』の「あるミ原へ打上」(あるみ原へ布陣)に対し、甫庵『信長記』は、「あるみ原に向(っ)て」だと云う。三人の布陣位置は、牛一と甫庵で全く相反する内容である。甫庵『信長記』の記述は通常評価が極めて低いが、ここの違いにはそれではすまないものがあるように思う。

野田城の『菅沼記』に甫庵の情報収集を述べた部分があるが、彼のそうした調査の結果が活かされた「向て」のように思う。甫庵は、家康布陣地を含め「あるみ原」とは呼べないとみている。[注13]

『三河物語』の場合

決戦の場所を「有海原」と記すもう一つの文献に、『三河物語』がある。

①「十万余にてある見原へ押出し、谷を前にあててぢやうぶに作を付て待かけ給ふ処に」

②「賸、橋を越てから一騎打の処を一里半越て、押寄ての合戦也」

①の場合、「谷」と「柵（作）」の記述から連吾川周辺で、「ある見原」へ押出しであるから、合戦の場が「有海原」であるという。②の「一騎打の処」は、確かに二〇ｍを越す深い谷を渡ってから「一騎しか通れない険しい崖の道を登る」が、一町足らずで、あとは比較的平坦な道になる。「一里半」の文字は、『三河物語』の記述が必ずしも現地で確認されたものではないことを示している。

この他の文献での「有海原」の記述は

・『武徳大成記』……………『信長公記』と同じく連合軍の布陣地を表す

・『長篠日記』『總見記』………浅木《あさぎ》や大海の隣の地名として武田軍の布陣地を表す

結局、連合軍の布陣地を「有海原」と記すのは、『信長公記』と『三河物語』である。どちらも、「長篠」の川向こう側の広い範囲の名前として「有海原」を使用しているが、このような「有海原」の使用は地元にはない。

明治の地図で見ると*

＊大日本帝国陸地測量部（明治二五）の地図「長篠」

『信長公記』や『三河物語』の筆者は、「あるみ原」の範囲を広くとって「信玄台地」や「弾正山」

辺りまでも「あるみ原」としているが、次の地図はその辺の事情を語っているように思える。

・**長篠村―有海村**：川を挟んで隣接している。

・**有海村―清井田村**：両村の間は、広い有海原丘陵地帯をはさんでおり、集落は隣接していない。

この両者の隔たりが、「ころみつ坂」や「あるみ原」の理解に影響したのであろうか。

年貢米上納台帳を見ても、「有海」の名が優先する地域事情は見えないが、遠征者にとって、長篠対岸の「有海原」で、都合がよかったのであろう。だが、野田と長篠の間の「志たら設楽甚三郎」にとって、自分の勢力圏が〝あるみ〟でないのに「あるみ原」と呼ぶことは考えられない。[注14]

慶長検地による
年貢米上納台帳（石）
『東郷村沿革誌』

・有海村	176
・喜多村	54
・清井田村	62
・下々村	51
・宮脇村	100
・柳田村	58
・川路村	264
・竹広村	169
・須長村	247
・大宮村	189

米の石高や氏神にも、地域の勢いが反映されるが、有海に特別な事情はない。
ここで最も影響力があるとすれば、設楽郷を拠点とした設楽氏である。

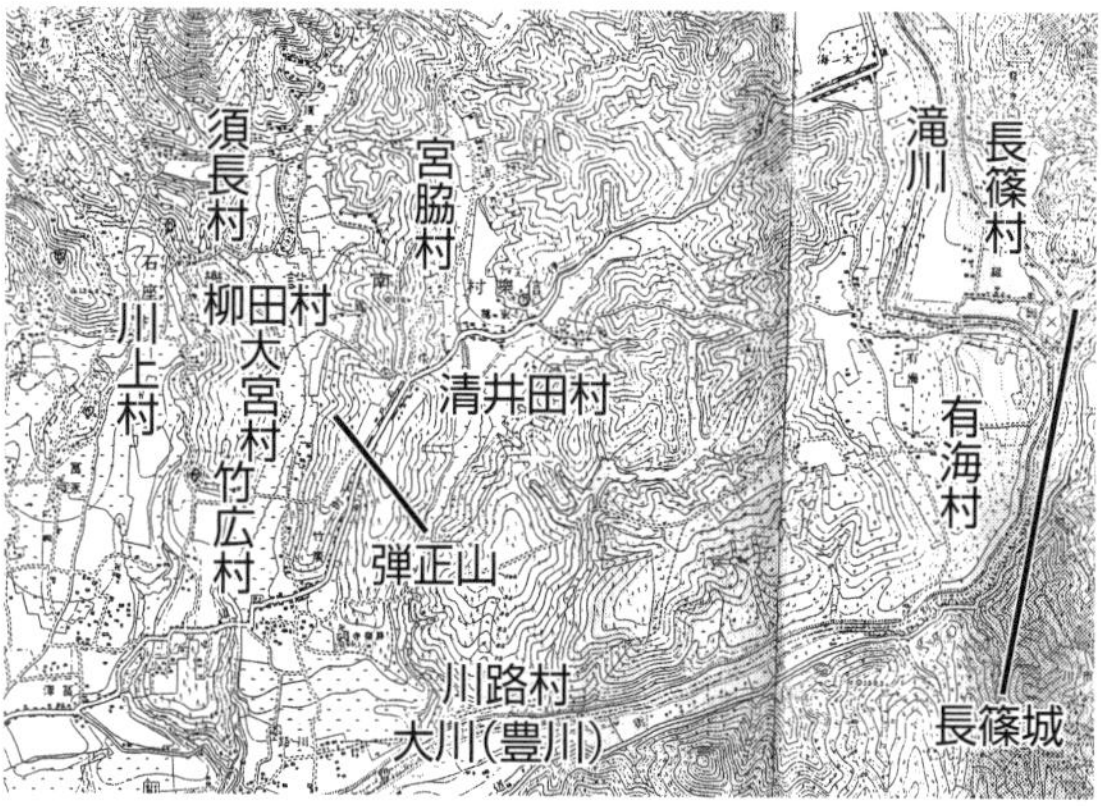

連合軍の設楽原進出

戦国ウォーク・コースガイド

連合軍の連吾川（右岸）布陣は、十分に計算された用意周到な作戦を感じる。同じ直線状の五反田川では、近すぎて武田軍が進出できない。一つ西側の大宮川では蛇行が激しく攻め難く、守り難い。「連吾川」ラインを誰が提案したのだろうか？　それを確かめるコースである。

極楽寺山周辺コース（上平井・矢部地区）　＊起点・終点共に平井神社

平井神社（信長本陣）→極楽寺山（信長本陣）→織田信忠陣地跡（野辺神社）→織田信雄陣地跡（新見堂山）→平井神社

家康進出コース（上平井・矢部・富永・富沢・大宮・竹広地区）　＊起点・平井神社、終点・弾正山

平井神社→極楽寺山→（タイカ遺跡）→信雄陣地跡（新見堂山）→信忠陣地跡（野辺神社）→徳川信康陣地跡（松尾神社）→（八剱神社）→家康本陣の弾正山（東郷中の裏山：本陣碑から九号古墳へ）

＊注意：信長・家康の物見塚と伝える場所：家康本陣碑の近くだが、歩くには馬防柵側から企業団地坂を上り、途中から左側の山道へ入るのが分かりよい。山道五分。

注1　高天神の場合、武田軍攻囲は五月十二日、京で知らせを受けたのは十五日。信長の岐阜出発は六月十六日で、その間丁度一か月である。長篠城の場合、『松平記』では要請から「三日」、攻囲からは「十三日」である。

注2　十五日、信長・家康そろった時期の使者到着は幸運であった。「岡崎へ」は籠城前からの決め事であろう。

注3　地元では、菅九郎（織田信忠）の布陣は「天神山（野辺神社）」、「新御堂山」は信雄と伝えている。

注4　「ころみつ坂」は誤り、弾正山の坂と考える。「高松山」は弾正山（断上山）のこと。

注5　「あるミ原へ打上」も、「弾正山へ打上」でなければ両軍の位置関係が不自然。『信長公記』は、「信玄台地」も「弾正山台地」もすべて「あるミ原」としているが、地元ではここを「あるみ原」と呼んでいない。

注6　池田本は「御思慮」、「御賢意」は「建勲神社本」「近衛家陽明文庫本」。

注7　「兼而より堅」は、『信長公記』の「建勲神社本」「近衛家陽明文庫本」に記載。池田家本にはない。

注8　「鉄炮計を相加」を『尊経閣本』では「鉄炮作之内に相構」とある。「相加」は「鉄炮で対応した」と読める。

注9　菅沼小大膳定利：田峰菅沼家の一族であるが、野田城近くの道目記城で早くから家康に従い、本家とは歩みを異にしていた。本家も父も武田方であったが、定利は家康方として出陣した。定利の関係もあって、田峰に残っていた父（定直）は、武田敗戦で反旗をあげ、城主と勝頼の帰城を拒んだ。田峰城の悲劇の原因となった。

注10　地元の『八釼神社由緒』に「千歳松」の伝承が記され、『参河国名所図絵』に「大樹松昔…」とある。

注11　豊橋古文書講座火曜会（代表丸地八潮氏）発行（平成十六年）の『蓬宇稿―元治乙丑年此夕集三十四』による。
・『蓬宇稿―此夕集三十六』にも、「設楽村より大宮道に入、竹広、新間、下々、清井田を過、有海原へ出」とあり、地元での有海原の位置を示している。

注12　「（秀吉・一益・長秀）あるみ原に向て陣を張り」と、「あるみ原」ではないという。ここの記述は簡明。

注13　『菅沼記』は、「小瀬甫安ト云モノ信長記ヲ編ミ立ルトテ…織部正（菅沼家）方エモ来テ武辺ヲ承ラントイヘ共、売物ニアラズトテ書付不出」と記す。「新城代々記」（『新城加藤家文書』）も同内容を記す。

注14　・『松平記』巻五に、酒井配下として「野田　菅沼新八、西郷　西郷新太郎、志たら　設楽甚三郎」、『三河物語』に「東三河之国侍ニハ設楽ハ一番」とあり、この地域における設楽の位置が記されている。

コース④

川沿いの馬防柵ライン

長篠救援に向かった信長は、城の手前六㎞の極楽寺で足を止めた。

1　連吾川の選択
2　川沿いに馬防柵
3　連吾川沿いを歩く！

野沢藤夫、金田英明、夏目幸康

1　連吾川の選択

両軍は、連吾川をはさんで対峙した。ＪＲ飯田線の連吾鉄橋付近からかんぼう（雁峯）山の麓まで、その距離およそ二km、戦いの大半はこの連吾川のほとりに終始した。

連吾川の名前

戦いに近い当時の文献には、連吾川の名はでてこない。川名はないが、連吾川と推定できる。

・武田軍について、「あるみ原三十町計踏出し、前ニ谷をあて…西向に打向」（『信長公記』）

・これに、『松平記』の「勝頼の陣柳田の山にハ」を重ねると、連吾川になる。

・少し時代は下がるが地元文献の『長篠日記』に、「川路《かわじ》連五ノ橋ヨリ浜田ト云所マデ…」柵をつけたとある。川名としての「連吾川」の初出は、『続柳陰』の「連五川　一の柵場」である。

戦記に「連吾川」の名はないが、「レンゴ」の名は慶長九年（一六〇四）検地帳の川路、竹広《たけひろ》の両地区で記されている。戦いから三十年目の田畑の記録である。

川筋全体では「連吾川」としているが、地元民にとってはその場所・集落ごとに身近な名前で呼んでいる。「連吾川」「弾正川」「柳田川」「瀬戸川」などそれぞれの呼び方がある。

連吾川の選択

設楽原を縦断する何本かの川の中で、柵の設置を連吾川に選択させたものは何か？

ここには、同じような川が四本並んでいる。

・一番東側に「五反田川」…諏訪神社台地を挟んで東寄りの宮下川と合流し、南に流れる。注1

・二つの台地の間に「連吾川」…信玄台地と弾正山台地の間の低地中央部を南に流れる。

・その西側に「大宮川」……石座山《いわくらやま》から弾正山に続く台地の西裾を南に流れる。

・一番西に「半場川」………設楽原の平原を蛇行しながら南東に流れる。

設楽原の北から西にかけて「かんぼう」の山並が壁のようにそそり立っている。その南に広がる設楽原の台地を切り裂いて北から南へ流れ下るこれらの川は、下流部で断崖の谷を刻み、大川《おおかわ》（現豊川）に流れ込む。何れも台地（丘陵部）に沿ってよく似た地形をつくりだしている。

柵の設置を考慮すると、五反田川と連吾川はほぼ直線状で、川沿いも似た地形である。その中で、信長の連合軍は連吾川を選択した。十八日設楽原に進出し二十一日の決戦までの準備期間は二日半しかない。……誰の、どのような情報によるのか？　鮮やかな決断である。

①信長本陣の極楽寺山から武田軍布陣の東方面をみると、連吾川中流域の信玄台地南端までは真っ直ぐ見通しが利く。その先の有海や長篠方面は、信玄台地が壁になって先が見えない。

・西に半分開けたこの連吾川の（後方からの）「見通し」が、連吾川選択の大きな理由であろう。

・加えて、連吾川は上下流の見通しがいい。特に柳田橋付近では馬防柵設置の全体がのぞまれる。

②ここならば、長篠からの距離もある程度とれ、武田軍としても大河を渡りやすい。柵と鉄炮によ

る待ちの戦いに持ち込むためには、武田軍の進出が必要である。

③現在の連吾川筋は水田が続くが、当時もかなり開田されていたと慶長検地帳が伝える。旧暦の五月二十一日、田植は終わり田には水が張っていた。それは何よりも心強い守りになっている。

・連吾川沿いの当時の小字名に、雲雀田、下田、三反田、神田、矢田等があり、開田を示している。[注2]

④連吾橋から下流は突然のように深い谷になって大川（豊川）まで続く。ここを越えて武田軍が攻め込むことは難しい。

こうした連吾川の選択は、これらの地形を熟知している設楽氏を中心にした地元情報が関係しているように思われる。[注3]

救援の使者説　長篠城を脱出して岡崎に向かった救援の使者（強右衛門と金七郎）は、連吾川の河口で川を上がり、連吾川源流のかんぼう山でのろしを揚げている。これらの位置からみて、連吾川情報を伝えることも使者の任務ではなかったか？

出沢の瀧川氏説　設楽氏と関係の深い出沢の瀧川氏は、信長配下の滝川一益と縁があるという。この瀧川氏ならば、地形は熟知しており、一益を通して信長への情報提供は速い。[注4]

2　川沿いに馬防柵

柵の設置について、全ての文献が記している。柵の南起点は、地元史料のいう「連吾橋」であろう。北の終点は、須長《すなが》地区の「浜田《はまだ》」とも、「森長《もりなが》」とも考えられる。

・『信長公記』…「家康・滝川陣取ノ前に馬防之為柵ヲ付させられ」（建勲神社本）

・『長篠日記』…「川路連五ノ橋ヨリ濱田ト云所マデ※樋橋《といばし》ヨリ大宮辺マデ付タリ」（小野田本）

・『菅沼記』……「川路村ノ西ハ河ヲ前ニ柵ヲ付ケ…連子ノ橋ヲ堺ニシ北ヘサシ」

柵の形状・仕様

『甲陽軍鑑』「節所を三ツまで構、柵の木を三重にふり」

『松平記』「陣の前に柵をしげくふり」

『三河物語』「ぢやうぶに作（柵）を付て」

『長篠日記（小野田本）』「柵ヲ二重ニ付ル…其中ニ城戸ヲ拵ヘ人馬通自由ヲモウケル能働也」

『菅沼記』「河路連子ノ橋ヲ堺ニシ、北ヘサシ河ノ岸ニ高サ八尺ニ柵ヲ付ケ」

『三州長篠合戦記』「二重三重の乾堀を掘て土居を築き、五十間三十間を置て虎口を設け」

『続柳陰』「樋橋川　二ノ柵場。連五川　一ノ柵場」

二重三重については、同じ位置でのものと、川筋を異にするものと二つの記述がある。宗堅寺本系

コラム④

子どもたちの「馬防柵」―うら方の仕事

杉浦　徹（東郷西小校長、金七郎の縁者）

『決戦場まつり』に嬉々として参加する子どもの笑顔を見た。地域にある脈々とした伝統を素直に受け入れた喜びであり、「学びたい」と言う伸びる芽であると確信した。早速、六年だけでなく五年生の新参画をどうすべきか、学校運営の視点から周辺整備を進めた。次の二点で問題解決をはかった。

①子どものできそうな事　②史実にできる限り添いつつ、歴史の見方を学ぶ事

『武徳大成記』に、信長は「岐阜ヲ発スルトキ…人コトニ柵ノ木一根縄一車ヲ持シム…我軍ノ前ニ柵ヲ結ヒ数千ノ銃手ニテ柵内ヨリ…」とある。岐阜を出発した信長軍は、十八日早朝に本校区内の極楽寺山に到着。雑兵《ぞうひょう》は、作戦通り設楽原の川沿いに『動く城』の馬防柵を組んでいく。敵前での作業になる。「とにかく早くしないと……」、恐怖と緊迫感が漂っていたに違いない。

雑兵を演じる　本校は連吾川の西二km、連合軍側に位置する。戦国と同じ月日、決戦会場へ向かう子どもたちが「馬防柵を建てる雑兵」を演じることを通して、「うら方の仕事」が歴史を根底で支えていること、名もなき人々の幾多の願いごとの上に〝今〟が成り立っていることに気づかせたいと強く思う。

の布陣図と『本多家武功聞書』では、連吾川の両岸に柵が描かれている。（コース⑧参照）
高さに触れているのは『菅沼記』、城戸設置を記すのは『長篠日記』系の地元文献である。
・『三州長篠合戦記』は武田軍前線に宮脇を挙げる等記述が気になる。注5
・現在、昔の地形がそのまま残されている連吾川の中程（柳田地区の手前）に馬防柵が再現されている。川岸からある程度距離のある中位段丘への境目で、馬防柵の当時の位置の一つと考える。

柵の資材は？

柵建設用の資材を、どのように調達したのだろうか？

「岐阜ヲ発スルトキ…柵ノ木一根、縄一車ヲ持シム」（『武徳大成記』）

柵に手ごろな丸太を切り出す作業量・作業時間と当時の里山にある伐採可能な樹木を考えると、ある程度の量の資材を外から持ち込まなければ、現地だけの調達では間に合わない。柵の構築をどのように行ったのか、毎年、馬防柵を部分改築している「設楽原をまもる会」の記録で推定する。

・約一三〇m設置で、檜丸太三百五十本を要し、人工はほぼ同数の三百五十人工である。この比率で二㎞にわたる柵を推定すると、約五千五百本の五千五百人工になる。二重の柵では一万一千本である。見知らぬ現地で新たに伐採から始めると、人工数は更に増える。

これらを勘案すると、『武徳大成記』の「柵木を運んだ」という記述はある程度事実に近いと考える。織田軍には、これに対応する軍兵が用意されていたことになる。

・柵の構築は、いつ攻撃を受けるか分からない敵前での作業である。作業の他にかなりの防御要員の備えがいる。二十日の信長書状では「通路も不可合期候、却而擒候」と、準備完了を知らせている。

堀や土塁を加えた「陣城」があったか？

この戦いは、「柵」というより「陣城の戦い」という見方がある。

①一つは城郭研究者の報告によるものである。例えば[注6]

・石座神社の裏山中央部に「道」とも「堀」ともいえないものがある。これは「乾堀」で陣城の一部である。（a）

・石座山東端の山頂に細溝に囲まれた区画「陣跡」がある。（b）

・弾正山丘陵に切岸が見られる。（c）

・信玄台地の「才ノ神《さいのかみ》」付近は武田軍の陣地遺構が見られる。（d）

・同じ信玄台地の天王山《てんのうやま》周辺には武田の出撃路が見られる。（e）

これらの弾正山周辺の調査報告について私たちが思うことは、ここの調査対象が「最大で二日の人工工作物」という点である。数年間使用した小道でも、この辺りの土質では五十年で全く跡形がない状況である。それが一日二日の工作で四百年後の現在遺構として残るだろうか？　設楽原陣城研究会は、『設楽原紀要』第7号で、概略次のように見解を述べている。[注7]

遺構と見えるものの多くは、地元住人の暮らしの跡と推定できる。

a………石座神社の結界で、掘割の位置・向きからみても陣城遺構とは見えない。

b、c…近代の開墾・作業小屋等の遺構である。

d………オノ神は、村の安全を願う信仰の対象であり、登り口付近の改変は村境の姿である。

e………天王山周辺は昭和初期に草競馬場として切り開いた所。

②二つ目は、勝頼の戦後の書状に「構陣城籠居」と「陣城」の文字が使用されている。これを、「柵から出ない連合軍」とみるか、柵の他に「堀や土塁をつけた強固なもの」とみるかである。

・『甲陽軍鑑』(品14)に、「柵の木三重まであれば城せめのごとく」とある。品52では、「柵を三重ふり、切所を三ツかまへ」に続けて、「柵の外へ出ざる故」という。柵が主体である。

③三つ目は、一部地元文献の記述からである。

・『三州長篠合戦記』が「柵を設く…二重三重の乾堀を堀て土居を築き…虎口を設け」と記している。同系列本と比べ、記述がくわしく追記と思われる部分が多い。

ごく短期間に設置された小規模な堀や土盛りが、露地の状況で四百年の風雨にどれだけ耐えて残りうるだろうか、その後の人の手による地形の改変と、どう区別できるかという点で、「城郭の遺構が各所に残っている」という指摘への疑問がある。最大二日しか要していない臨時的構造物(土地の改変)の多くが、時代を越えて残されているとは考えにくい。

3 連吾川沿いを歩く！

小さな川だが、戦国の新しい流れを決めた決戦の道筋は、東郷中学校南東すぐのところに広がる連吾川の侵食地形を出発点に、上流のかんぼう山麓に向け川をさかのぼるのが分かりよい。歩いてみれば分かるが、両軍が全戦線で一様に衝突できる地形ではない。第一は水田の存在である。

古戦場の見どころ（上流に向かって）

川から一〇〇m以内の所を両岸共市道が通っているが、車道としては東側である。川に接する堤防（土手）の上の小道も、農作業の時期や夏草の繁茂するときを注意すればかなり歩ける。

・**本田玉発見地**（右岸）　昭和三十七年、鉄橋の西北隣の畑で最初の鉛玉が発見された。

・**柳田橋**　最激戦地の一つ。この付近は川が台地に押されて東側にせりだし、見通しがいい。

・**甘利信康の碑**（左岸）　歴史資料館上がり口の交差点角の畑の中に祀られている。

・**馬防柵再現地**（右岸）　河岸段丘の一番上にあたり、そのまま弾正山丘陵の斜面に続く。

・**丸山**（左岸）　文字通りの丸山で、馬場隊や真田隊と織田軍の佐久間隊が激しく衝突した。

・**高森恵光寺快川の碑**（右岸）　『戦場考』に「小さき自然石の石塔に高森…」と記されている。この戦いで、高森主従ことごとく戦死し、高森（竹森）武田家は滅びたという。

・**連吾川上流の分岐点**　米倉丹後守の碑の手前で川は二つに分かれ、一帯が古戦場の北端である。

最前線連吾川と馬防柵ライン

戦国ウォーク・コースガイド

□出発地〔東郷中学校東側〕↓武道場前の市道を南に進み、国道のガードをくぐり一〇〇m程で東西道路に出る。ここを左折すると、すぐ橋になる。この少し南（飯田線連吾川鉄橋付近）で連吾川は谷を刻む。

ここから川沿いの小道を上流に向かって遡る（所々は市道利用）↓柳田橋↓馬防柵再現地↓ひばり橋（丸山付近）からは少し西側の農業用車道を利用して川沿いを進む↓北側前方に県道（自動車道）が見えたら、終点は近い。

■柵終点　①須長の公民館近辺（ここの地名は須長の中の浜田）。『長篠日記』では馬防柵の北端として、この浜田の地名をあげている。

②連吾川の分岐点を西に進み、更に北に分かれて真っ直ぐ―かんぼうの山裾に近づいた所が森長である。柵の設置はこちらの方が実際的ともいえる。

■駐車場　①ウイーク・デイでなければ、東郷中学校運動場周辺の駐車用地をお借りする。

②学校周辺用地が使えないときは、歴史資料館の駐車場に置くのが便利。

注1　五反田川鉄橋北で合流する宮下川支流を外して、五反田川本流のこと。長篠城から二・五km。

注2　・旧暦五月二十一日は、新暦では七月上旬。この時期の水田は一面に水が張られ、戦いはここを避けた。
・『慶長九年検地帳集成』によれば、当時の竹広の田は約七町四反で、現在と比べて八割ほどの開田である。

注3　・四年前の元亀二年、菅沼（野田）・設楽・西郷は竹広で武田軍と戦っており、連吾川情報には詳しい。
・射程距離の長い鉄炮使用の面から、蛇行する大宮川・半場川沿いへの布陣は味方に危険である。

注4　出沢の瀧川氏は、設楽氏とともに伴氏の流れで古くからの土豪。『瀧川家傳記』参照。

注5　『三州長篠合戦記』：『長篠日記』系と見られるが、内容は『四戦紀聞』に近く、成立も遅いと考える。

注6　『中世城郭研究』6号の「縄張研究の視点による長篠合戦の再検討」（池田誠）、『設楽原紀要（第7号）』の「設楽原報告―陣城はあったか」（設楽原陣城研究会）等参照。

注7　前述の「設楽原報告―陣城はあったか」による。『中世城郭研究』8号の「三河長篠城及び長篠合戦陣所群の検討」（高田徹）参照。

参考コース（下流の渓谷めぐり）

・両軍の布陣地ではないが、使者上陸点広瀬《ひろせ》地区を目指す連吾橋から下流の峡谷部分を参考コースとしてあげておく。川沿いの道はないので地元の案内が必要。

・起点は同じ。東郷中学校の東門から一〇〇mほど先に見える市道須長線へ出る。そこから南へ進み、JR飯田線・旧国道一五一号を横切って、更に六〇〇mほど南下して豊川の川原付近まで下りる。

コース⑤

信長本陣の動き

極楽寺山本陣の信長は、開戦の二十一日最前線の弾正山に移動した。
地元に、茶臼山第二本陣説がある。

1 極楽寺山から最前線へ
2 茶臼山から石座山へ

梅岡弘廸・中嶌豊

1　極楽寺山から最前線へ

五月十三日、岐阜を発った信長は六日後の十八日、設楽原の極楽寺山に本陣を置いた。ここで、馬防柵構築や鉄炮隊の配備・長篠救援の鳶ヶ巣迂回隊等の手筈を整えると、決戦前日の二十日、在京の長岡兵部に書状（コース③参照）をしたためている。文面の「長篠との間三里余候」から、敵陣の動きの見える最前線での記述とは思われない。極楽寺本陣あたりでの執筆である。

この後、決戦を前に信長は陣所を移動している。文献の記す移動は次の三通りであるが、それぞれが微妙に関連し合っているように見える。

『信長公記』の記す「高松山」での前線視察

「信長ハ家康公之陣所ニ高松山とて小高キ山に御座候に取上られ、御敵之働を御覧シ」

・弾正山は最前線であり、家康の本陣がある。ここへの移動は、ある程度の見通しの立つ段階、つまり連吾川沿いに馬防柵を完成させ、鉄炮隊配備を終えた信長にとって、勝利を確信してからの前線移動であろうが、なぜ「高松山か？」の疑問がある。家康陣の左に、滝川・羽柴・丹羽の腹心三人が布陣しているのだから自軍のそちらが自然ではないか。

・『信長公記』は次のように続けている。「（…御敵之働を御覧シ）、御下知次第可仕之旨、仰含められ」と記し、「下知」の確認であり、前線指揮である。次に佐々・前田ら五人の鉄炮奉行の戦いを述べて、以下武田軍との全面衝突を記している。ということは、信長が弾正山台地を南端の高松山から順に台地の背骨部分を北上して自軍の前線を視察・指揮していると読める。

・極楽寺山からの移動の時期を『信長記』は「二十一日の夜…明けければ」と記し、『長篠日記』は「二十一日ノ夜明方ニナリケレバ」と、決戦早朝だという。

・『信長公記』系の各文献は何れもこれを記すが、『松平記』『当代記』は記していない。

『信長記』の記す河尻與兵衛秀隆の役割と信長の前線出動[注1]

「信長公、河尻與兵衛尉に御甲を下されつつ、信忠卿の備へ召連れられ給て、敵懸来らば…若吾爰に来事を得ずんば、河尻を可差越、彼が下知に随ひ軍すべし…かくて信長公先陣へ御出」

・甫庵『信長記』とその系列『總見記』『長篠日記』が記している。黒母衣衆筆頭の河尻に、本陣（信長不在時）での信長の代役を指示しているが、その後の「かくて」以下の動きは『信長公記』と同じである。

・信長にとって、遠征本陣の危険性は、桶狭間の奇襲や金ヶ崎退却経験から十分承知している。この「河尻與兵衛」関係の記述は、遠征本陣の危険を読み込んだ信長の意図的対応とも読める。両軍の衝突が始まれば、前線から離れた後方の本陣はかえって手薄になり、敵の奇襲攻撃への対応はむつかしい。その対策を兼ねながら指揮官信長は弾正山を訪ねたことになる。

・次の「茶臼山戦地本陣」説を、この延長上で見ると案外現実的な対応のように感じられる。

『長篠日記』の記す「茶臼山戦地本陣」説

「(信長) **極楽寺ニ御本陣有、後ノ御陣場ハ川上村《かわかみむら》茶臼山也。**(『長篠日記(小野田本)』)」

「**川上村　茶臼山、信長卿御陣場。何国ニテモ總大将ノ御陣場ヲハ茶臼山ト云。**(『続柳陰』)」

・信長の茶臼山への戦地本陣移動を記すのは、『長篠日記』の小野田本、『続柳陰』の地元文献のみである。同じ『長篠日記』の他写本は、「茶臼山ニ丹羽長秀、滝川一益、佐久間其外五万余騎」と記し、布陣位置において明らかに織田軍の実態とはかけ離れている。写本の違い—茶臼山の「記述の有無」はなぜ生じたのだろうか?[注2]

・一方、いつ茶臼山に信長が移動したのか、なぜ「茶臼山」なのかについては記すものはない。

茶臼山の位置と意味

茶臼山が第二戦地本陣であったとすれば、どのような意味からであろうか?

①連合軍布陣地の北端につながる安全地帯

・弾正山台地は、最南端の家康本陣(高松山)に始まって徳川軍から織田軍へと、連合軍の主力が順次北へ布陣して隙はない。その最北端西隣の高台が茶臼山で、現在も小字名は「城山《じょうやま》」である。『信長公記』から推測されるように、信長が台地の背骨に沿って前線視察をしたとすれば、最北端近くの茶臼山は戦地本陣として好都合である。ここならば、万一の場合の本陣奇襲を避けることにもなる。非常事態の場合の戦場離脱も、ここならば作手道から岡崎へ通じる。

『信長記』の記す河尻秀隆の話に通じる。

②前線背後の支援ラインを把握・掌握する好位置

・茶臼山から連吾川前線の見通しは不可能だが、台地の裏側（西側）は大宮川の最上流から下流部までその見通しは良い。武田軍との衝突さなかにおいても、前線状況を裏手から把握することができる。極楽寺本陣からも十余町、標高一五〇mの高台のメリットを感じる。

・松尾山の岡崎信康、その後方天神山の織田信忠陣地、新御堂山（新見堂）の織田信雄陣地など前線を支える後方部隊の要の位置が茶臼山である。

＊山鹿素行の『武家事紀』は、信長が信忠らと「川上」に布陣したと記す。川上は「茶臼山」の意味にとれる。

次頁の写真は、船着山《ふなつけやま》の西尾根あたりからみた設楽原の航空写真である。この図で分かるように、極楽寺山本陣では、弾正山台地に布陣する自軍との距離が大きい。その点茶臼山は、後背陣地を一望できる好位置にあり、距離も大幅に短縮される。

茶臼山への移動は別としても、信長が、決戦直前に前線近くへ移動しなければ、本陣としての機能を果たせないことは明白である。

コラム⑤

古戦場の真ん中の学校

中島好和（前東郷東小校長）

小学校社会科の教科書で、「戦乱の世」へと学習が進められる時、必ず登場するのが「長篠合戦図屏風」である。見開きのページで大きく扱っている。日本の小学六年生全員が、この絵を足がかりに信長・秀吉・家康の全国統一への学習を始めることになる。多くの場合、ごく大まかな事実を知ることで終わってしまいがちだが、古戦場の真ん中で学ぶ東小の子どもにはこの時代に生きた人々の思いを少し具体的に受け止めて欲しいと思う。

そこで、戦いの日に因んで行われる毎年七月初旬の「設楽原決戦場まつり」に参加することで、戦国人の苦労を直に感じたり、彼らの気持ちを考える機会としている。九月の運動会では、創作ダンス「合戦と農民」を演じ、決戦での武士の勇壮な姿と同時に戦いに翻弄される農民の暮らしや戦いのあとの村人の仕事を表現する。十一月の学習発表会では六年生が「長篠・設楽原の戦い」にまつわる歴史劇を披露する。

一歩踏み込んで　戦国の世を何とか生きたいと願いながらも「明日」を奪われていく武士や農民を演じることで、その時代を一歩踏み込んで考えることになれば……。子どもたちには、やがてこの地を離れる者もいるだろう。しかし、どこへ行っても〝設楽原〟を語れる人になって欲しい。

連合軍布陣の「弾正山」
・18日、家康本陣を置く
・21日朝、信長は弾正山へ

信長戦地本陣「茶臼山」
・地元文献のみ記載
・20日から21日あたり

徳川信康陣「松尾山」
・松尾神社周辺

織田信忠陣「天神山」
・野辺神社周辺

織田信雄陣「新御堂山」
・矢部公民館周辺

信長本陣「極楽寺山」
・18日着陣
・現在の平井神社周辺

武田軍布陣の「信玄台地」
・勝頼本陣は右上方

・二つの台地の間のABCライン（連吾川）が、両軍の衝突ラインである
・連吾川は、ここから上流は平地の小川、下流は深い谷を刻む

東三河の大河「豊川」
・右側上流は長篠城へ
・左側下流は三河湾へ

連吾川の河畔林
・河畔林のある所は、断崖の峡谷。従って、柵は、この河畔林のない上流に作られた
・大宮川と連吾川の合流点あたり

信忠の歌碑

極楽寺山から弾正山や茶臼山に向かう途中の天神山（富永地内）に、二ノ宮天神で親しまれている野辺《のべ》神社がある。この社殿の羽目板に織田信忠の歌が記されていたという伝承がある。その後社殿の改築に棟札として使用され、明治初年まで残っていたというが、現在は出沢の旧家である瀧川家所蔵の写しが唯一の証しである[注3]。

「代々を経ん　松風さゆる宮居哉　中将」

七年後、父信長と共に本能寺に果てた悲劇の武将、十九歳のときのことである。

2　茶臼山から石座山へ

茶臼山の頂上一帯は、その見晴らしとともに結構な広さがあり、周辺への連絡路もいくつか開かれている。頂上平から南に下りれば川上村、東へ下りれば牛倉《うしぐら》村である。山道を北へとれば作手から岡崎に向かう街道筋になる。この交通の要であることが、信長第二本陣説のもう一つの意味と思われる。本陣説を裏付けるように、山頂の稲荷社の一角に珍しい信長の歌碑がある。

山頂の信長歌碑

頂上平から急な坂道をさらに一登りすると、そこが本当の山頂で古い時代からの稲荷社がある。その横に牛倉村の有志によって明治三十五年に建てられた織田信長の歌碑（写真）がある。

「きつねなく声もうれしく聞こゆなり　松風清き茶臼山かね（峯）　織田右府」注4

当時のまばらな松に変わって、現在は杉・檜に覆われて見通しはないが、きつねの声も梢を渡る風も変わらない。決戦直前とは思えない穏やかさを感じる歌である。歌碑の文字は、当時の代表的国文学者小中村義象の揮毫である。当時、牛倉では俳句会や歌会がさかんであったが、どのような経緯で茶臼山の峯に、この歌碑がたてられたかは不明である。

碑は天下の名石工とうたわれた遠州気賀《きが》（古くは「けが」）の山村島蔵である。

「旗ぼこ」の秀吉陣地

茶臼山から北周りで峯伝いに十分ほど東へ歩くと、牛倉・宗国《むねくに》の羽柴秀吉陣地に出る。信長の馬周り衆であった秀吉は、布陣すると直ちにたくさんの布陣旗を高台になびかせた。この様子が、その後「旗ぼこ」の名で今に伝えられていると地元はいう。決戦が近づいて信長が最前線に近い石座山から弾正山に向かうと、秀吉もその北側に沿って馬防柵ラインに近い須長の堂座《どうざ》に陣を移したという。注5

秀吉陣地を文献で見ると、

①『長篠合戦図屏風』での秀吉の布陣地は、成瀬家図等で古戦場の最北端に記され、その横に滝川一益、前田利家が描かれている。少し離れて丹羽長秀である。古戦場の最北端の位置は、地元の「はたぼこ」伝説に通じているように思われる。[注6]

②『信長公記』（池田本）では、「滝川左近、羽柴藤吉郎、丹羽五郎左衛門両三人、左へ付て、同あるみ原へ打上武田四郎に打向」と、家康の左側（北側）に滝川・羽柴・丹羽の各隊が並行して有海原台地に登って武田軍に相対したとしている。ここの「有海原」というのは誤りで、現在の「弾正山台地」の位置になる。地元の「はたぼこ」から「堂座」に移動したとする秀吉の動きは、『信長公記』の伝える家康横の弾正山台地では、ズレが大きい。

石座山と古いお宮

宗国道を川沿いに十分ほど下って茶臼山から東へ下りる道とぶつかるあたりで、古いお宮の石座山になる。石座神社は上古の巨石信仰に起源があり、決戦当時、信長・家康が戦勝祈願したといわれる。この石座山は南に向けて弾正山台地につながっており、比高差四〇ｍを上ると、武田軍と対峙した連吾川戦線は目の前である。『信長公記』が記す「家康公之陣所ニ高松山とて小高キ山」はこの丘陵の南端近くで一㎞ほどの距離である。

石座山の頂上を新東名高速道路が横断する関係で、愛知県の遺跡調査が行われた時、連吾川を見下

ろす東斜面から火縄銃の鉛玉五発が発見された。発見位置から、とりあえず織田軍の未使用玉とみている。(コース⑩参照)

薯蕷《じょよ》饅頭(塩瀬饅頭)発祥の石座神社

決戦直前、設楽原に出陣した家康の陣中へ格式の高い腰高饅頭が届けられた。奈良の林宗二が、陣中慰問で家康に献上したもので、家康はこれを兜の鉢型に盛り、石座《いわくら》神社に供えて戦勝祈願をしてから食べたという饅頭の歴史がある。薯蕷饅頭は、その後家康とともに関東に移り、銘菓「塩瀬饅頭」として知られてゆく。注7

注1　河尻與兵衛秀隆：織田軍の黒母衣衆の筆頭で、信忠の補佐役であり、信忠軍団の副将格。

注2　『長篠日記』写本各系統の記述を比べると、地名の正確さは小野田本が第一であるが、内容の違いは少ない。この「茶臼山」の扱いは、内容が大きく異なる。鈴木金七「川上村」も小野田本のみ。

注3　『設楽原の戦い物語』の「二宮天神に残した一句」から引用。

注4　この歌も出典不明。明治35年の建碑記録は牛倉区文書。『設楽原の戦い物語』「茶臼山の信長歌碑」参照。

注5　・堂座…新城市須長字森長の奥で、かんぼう山の中腹の地名。『設楽原戦史考』(二三五頁)参照。
・茶臼山から宗国への山道は、新東名工事の関係で今後は通行不可。

注6　『戦国合戦絵屏風集成　第一巻』(桑田忠親編・中央公論社)参照。

注7　薯蕷…山芋(自然薯)のこと。滋養と脹らし粉の役割を期待した山芋の利用である。

戦国ウォーク・コースガイド

信長本陣の動き

連吾川戦線から二km余離れた極楽寺山本陣から信長は動く。戦記は二つのコースを伝える。

①極楽寺山〜弾正山（高松山）コース（一時間程度）

・信忠・信雄陣地を確認しながら東郷中学校裏山の家康本陣を目指す。

・平井神社・極楽寺山→新御堂山（織田信雄布陣地）→野辺神社（信忠布陣地）→松尾山（徳川信康布陣地）→家康本陣地（東郷中北側一帯）＊

＊八劔神社→（東郷中の馬防柵フェンスに沿ってグラウンドを南周り）→東側から弾正山頂の家康本陣碑へ→物見塚

②極楽寺山〜茶臼山コース（二時間程度）

・丘陵の起伏を歩く。特に茶臼山頂上近くは足元に要注意。

・極楽寺山→タイカ遺跡→（新御堂山）→野辺神社（信忠布陣地）→川上公民館→（案内に従って山道を登る）→茶臼山公園→山頂の信長歌碑→宗国の秀吉陣地→石座神社→連吾川を下る→馬防柵へ

ＪＲ飯田線利用の場合の最寄駅

東新町駅→平井神社・極楽寺山……弾正山・連吾川・馬防柵→三河東郷駅

コース⑥

武田軍、滝川を渡る！

柵と鉄炮で待つ織田・徳川軍の連吾川ラインに向けて、武田軍は断崖の滝川を越えた。

1　「信長」援軍と「武田」軍議
2　武田軍、滝川を渡る！
3　勝頼本陣、三たび移動

小林芳春、織田昌彦、森田陵弘

1 「信長」援軍と「武田」軍議

五月十六日、城兵も武田方も息をつめて見守る中で、強右衛門の発した最期の言葉「信長の大軍、来る！」は、予期はしていても武田軍に大きな衝撃を与えた。

＊奥平家の菩提寺である作手・鴨ヶ谷の甘泉寺に救援の使者鳥居強右衛門の位牌がある。その裏面に「鳥居強右衛門尉三十六歳逝矣　天正十五丁亥七月十六日…」とある。墓は有海の新昌寺にある。

前日の十五日早朝、かんぼう山（雁峯山）に上がった狼煙以来、武田軍の城攻めは小休止になって十八日の織田・徳川連合軍の設楽原着陣を迎えた。早速始まった連吾川沿いの柵情報等を確かめながら、今後の対応を決定するべく武田軍の軍議が医王寺山本陣で開かれた。意見は二つに分かれた。[注1]

『当代記』の記述…今回は退いて、出直し、二三年かけて城を取る

・勝頼の「是非共遂一戦、可討死と思定之由」に対して

・馬場美濃守・内藤修理・山縣三郎兵衛・武田左衛門大夫・同左馬頭らが云う。

①敵軍四万、吾軍一万であるから「此度は被引入」、信長の帰陣を見届けて

②来秋、再び出陣して「処々不残放火、其上苅田」などをすれば三河は亡国になるであろう。

そして、一～二年のうちに「可為存分」（目的）を達するべきと諫言した。

・しかし、勝頼は「無承引」（承知せず）、長坂釣閑が「合戦尤」と言上して決定となった。

『甲陽軍鑑：品14』の記述…連合軍との全面衝突を避ける三つの提案

・馬場美濃守、内藤修理、山縣三郎兵衛三人の、正面決戦を避けるための提案がなされた。

①「先、甲州へ馬を入給ひ（まず兵を引く）」、連合軍が追撃してくるであろうから、地理の分かる信濃へ入ってから戦へば、こちらの「御勝、必定」。

②「長篠城をがぜめ（無理攻め）」して、城に大打撃を与えたら直ちに兵を引く。

③「城を攻落し、掃地いたし、城に屋形を置奉て」、親類衆を後備・あとを先備として渡河せずに構える。馬場・内藤・山縣の三隊は滝川を越え、連合軍に対して長期対陣の形。

・これに対し長坂長閑一々反論し、こちらから合戦すべしと云う。そこで、「勝頼公…明日の合戦のばすまじと御誓文なり」。こうして、全軍の滝川渡河による設楽原進出が決まった。

断崖の谷を大軍が渡るのは、簡単ではない。渡河自体が困難であるが、それは必死の一線を越えることになりかねない。しかも対する相手は自軍と比べて三倍の大軍である。武田軍にとって軍議が最も必要な事態に直面していたわけだが、軍議が行われた日もはっきりしない。『譜牒余録：巻27奥平美作守』に「十九日夜、信長公より遣候忍者…廿日之昼被遣候物見…敵方之形勢厳重之よし言上」とあるので、この段階では武田軍は設楽原に進出していると思われる。軍議は遅くも十九日の昼過ぎぐらいまでには終わっていたのであろう。

『長篠日記』は、勝頼の言葉として「信長・家康設楽ノ原ニ出張ス、急ギ岩代川ヲ越シ」とあるので、軍議は十八日の午後以降か十九日と読める。『甲陽軍鑑・品52』では「（勝頼）明日の合戦のばすまじ」としているので二十日とも読める。

武田軍の設楽原進出には、織田・徳川軍の動きの確認と決戦への態勢準備の両面が欠かせない。とすると、武田軍の軍議は、「二十一日決戦」から状況的に十九日の午前中あたりになる。

大通寺の訣盃

軍議を終えた家老たちが、滝川を越えての決戦に、「明日はない」かも知れないと大通寺の湧き水で別れの盃を交わしたことは、『長篠日記』に次のように記されている。

・武田の家運尽是迄ナルゾ、今生ノ遑《いとま》乞セントテ、大通寺山ニ清水有是ヲクミ、馬柄杓ニテ水酒盛ヲシ、日々互ニ申談セシ事モ是迄也ト、名残ノ泪ヲ流シ岩代川ヲ越タリ

現在、ここに「杯井」といわれる場所（文政十年の碑）があるが、実際の場所はもう少し山裾のように思われる。注2

「滝川を渡って、決戦！」国主が決断した以上、武田軍に迷いはなかったが、幾度か死地を乗り越えてきた宿将たちにとって意を伝え切れなかったさびしさだけは拭いようがなかったのである。

2　武田軍、滝川を渡る！

軍議は「設楽原進出」と決まった。

・長篠へハ攻衆七首差向、武田四郎滝沢川を打越、あるミ原三十町計踏出シ（『信長公記』）

長篠側に布陣する武田軍の主力部隊は、滝川のどこを渡ったのだろうか。

長篠対岸の有海付近は、人馬を拒絶する深い断崖が続いており、渡河可能な場所は少ない。この断崖絶壁を避けるには、二㎞ほど上流の横川地区の猿橋・鵜ノ首あたりまで遡らなければならない。試みに、医王寺山本陣から信玄台地（オノ神）への距離を二つのルートで比較してみる。

・有海渡河ルート：医王寺山→岩代ノ瀬→ころみつ坂→清井田→オノ神（本陣）…約三・四㎞
・横川《よこがわ》渡河ルート：医王寺山→猿橋（鵜ノ首）→出沢→浅谷《あさや》→宮脇《みやわき》→オノ神（本陣）…約五・九㎞

大軍の移動であるから渡河地点の分散も必要であるが、横川ルートの場合一・七倍である。主力は距離の短い有海ルートを選んだと思われる。

滝川の渡河地点

絶壁を避ける渡河地点は、下流から〔岩代・鵜ノ口・古渡（以上が有海地区）・鵜ノ首（猿橋）〕の四か所が考えられるが、どれも古文書に名前のでる古くからの渡し場である。

・岩代……合流点渡合から四〇〇mほど滝川（豊川本流）を上った所、有海側は「岩城」。
・鵜ノ口……渡合から西へ遡った豊川が北東に向きを変える鋭角な曲がり角、有海側は「船戸《ふなと》」。
・古渡……鵜ノ口のすぐ上流一帯、有海側は「作神《しゃくじ》」。
・鵜ノ首（猿橋）……花の木公園の横、ここは川幅が特に狭い。[注3] この上流に「船渡」の地名がある。

コラム⑥

戦国の槍に導かれ

平岡由紀子（多田家おひい様の友人）

平成十六年六月　友人の小沢二美代さんから古い槍の話を聞きました。

・二美代さんは山梨県勝沼の生まれで祖父母に育てられた。十一歳の時に東京にいた病身の父から、古めかしい槍の穂と古文書を渡された。父は武家の家柄に誇りを持っている人だった。「世が世なら、お前は多田家のおひい（姫）様なのだ」という父の顔が印象に残っている。

・女学校卒業後は、東京で結婚し姓も変わった。父から渡された槍は、箪笥の奥にしまわれ、やがて娘の洋服箪笥に移った。しばらくして、娘が原因の分からない胃痛に悩まされ、相談した方から『刀剣の類がお宅にあるのでは？　それがもとです！』といわれ、忘れていた槍を思い出した。

槍の行き先　少しして、自分が胃痛になった小沢さんは、「槍を然るべき所に納めたい」といわれ、話が動きました。購入した愛知のガイドブックの〈設楽原決戦場まつり／新城市設楽原歴史資料館〉の一行が目に止まり、資料館に連絡を取ると「七月四日の案内」が送られてきました。小沢さんと私は「設楽原決戦場まつり」に参加し、「天正三年、三州長篠」と鞘に記された戦国の遺品はやっと安住の地をみつけました。

岩代の浅瀬

騎馬を含む大軍が大河を短時間に渡るためには、まず両岸とも傾斜が緩やかで、浅瀬の幅は広く、川床が平坦という条件がある。長篠城付近で、これらの条件に適合する場所は一カ所、地元で「橋《は》場《ば》」と呼ぶ岩代橋跡の上流一五〇m付近である。

ここは、川幅が約四〇m、川底も平坦である。平水時の水深は深いところで約五〇cm。川水面からの断崖の高さは二七m（GPSロガーで実測）。両岸の古道の傾斜は一八～二一％。

ここなら渡河の負担もリスクも小さい。設楽原への距離も短く、騎馬にも十分な道幅の下り口、上り口がある。

鵜ノ口渡し

宗堅寺本系地図に「武田軍鵜ノ口ヲ越ス」と記された場所がある。現在も長篠側に小字名の「鵜ノ口」がある。

滝川は、「岩代の浅瀬」から上流一〇〇m程のところで直角に曲がって北上している。ここの曲がり角が「鵜ノ口」と呼ばれてきた場所である。

ここには大きな岩が、やや右岸寄りにあり、流れが分かれてい

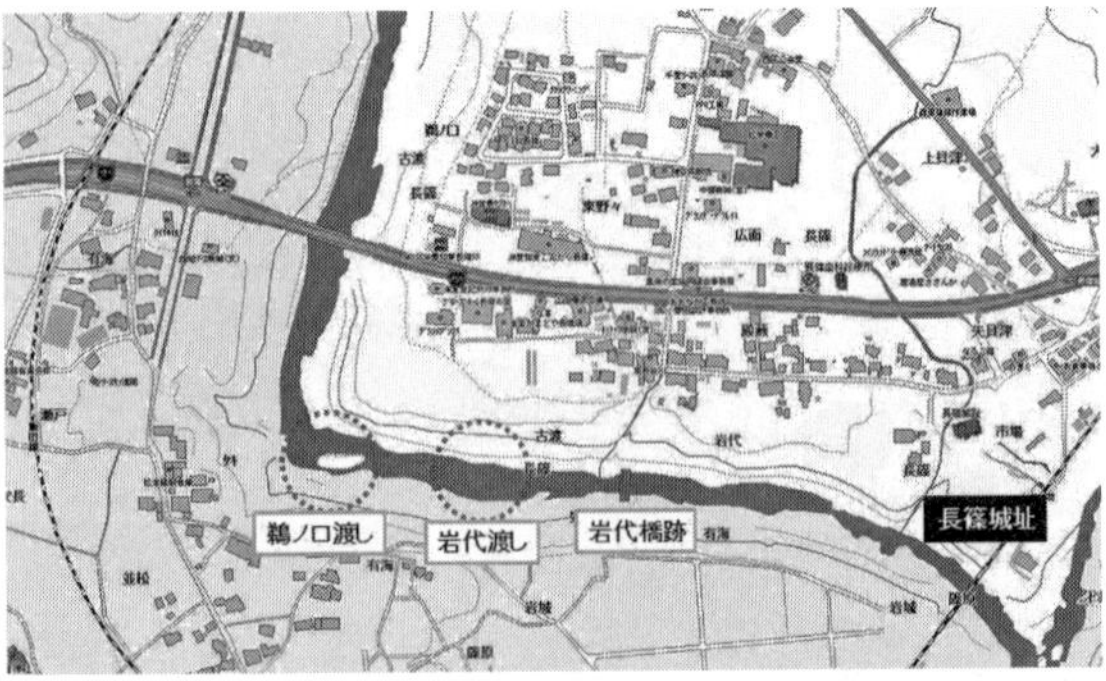

る。川幅は狭いが深さがあり、橋を架ける必要がある。現地でみると平水時なら比較的簡単に丸太橋が架けられる地形である。地元でも岩代橋（一厘橋）は〝ここにあった〟という。『設楽原戦史考』の中で牧野文斎は、「勝頼は船渡（現在の有海側小字名は船戸《ふなと》）の橋を渡り有海に出て、来光坂（ころみつ坂）を越えて清井田東高地に至り」と推論している。

川への道も、長篠側は岩代の渡しとほぼ同じところで、右岸有海側は少し下って同じ道を使う。

なお、右岸の有海にも「寛永十三年三州設楽郡喜多村《きたむら》御本帳」に「うの口」という地籍が八筆ある。「御本帳」に名前のある当時の地主の子孫の白頭富雄氏は有海に「うの口」があったとは聞いていないといっている。

「鵜ノ口」渡し付近

岩代に橋はあったのか

岩代橋を描いた古図面がある。山形の庄内藩に伝わる陣立図（致道博物館所蔵）で、古戦場の集落や古道・水田なども描かれている。広島藩浅野家に伝えられた「諸国古城之図」もその一つ。[注4]

架橋技術が進んでいなかった当時、丸太を並べた渡し橋はあったのかもしれないが、岩代橋・通称一厘橋といえる橋があったかどうか？　地元の最も古い記録は元禄十五年（一七〇二）で、戦いから百二十七年後である。大正五年まで存在したことは古地図等で確認されており、取り付け道路も昭和三十年代まで使われていた。

交易がそれほど盛んでない当時、洪水時には水没しても普段は常時使える橋を架ける必要があったであろうか。利用度以上に保全に費用がかかる。更に、長さが六間程度は必要で、橋脚となる大きな岩も右岸（有海側）にはない。明治に書かれた絵図には、錦帯橋のように石積みが見られ、架け替えで橋の長さが変わった跡が記されているが、天正当時は、丸太橋もなかったと思われる。特別必要な時に、丸太橋を工夫したかどうかである。

武田軍はどこの猿橋を渡ったのか

長篠発電所横の「猿橋」ではなく「鵜ノ首」に猿橋があったと多くの文献にある。現地を確認すると分かるが、「鵜ノ首」の場合、両岸は狭まってはいるものの橋を架けるのは困難と思われる。滝川村の古文書によれば「古代より元禄十五年（一七〇二）まで一本橋があり、長さ十二間、元口三尺二寸・末口二尺四寸」という。岩盤の最上部に架ければ可能であろうが、その長さ・重量は予想外に大きなもので現実味に欠ける。なお、元禄十五年は滝川村に渡船ができた年と一致する。ここ

岩代の渡し　右岸側から下流を見る

への架橋は疑問。
「鵜ノ首」の猿橋に比べて、現在の「猿橋」のルートを選ばない理由が見つからない。岩盤の間隔は三m程で上部の高さが揃っており容易に架設出来、浅木・須長方面陣地への最短ルートでもある。武田軍の主力が岩代・鵜ノ口ルートであったとしても、背後を固める予備の渡河地点として猿橋ルートの役割は大きいと考える。[注5]

3　勝頼本陣、三たび移動

設楽原進出を決断した武田軍は、滝川を渡ると連吾川を見下ろす横手（竹広）から柳田・須長と続く高台一帯（現在の信玄台地）に各前線部隊の陣を置いた。勝頼は、旗本勢を率いて有海のころみつ坂を越え、信玄台地を臨む清井田の台地斜面に本陣を移した。

長篠→清井田本陣

今の永観寺《えいかんじ》付近から北東に及ぶ緩斜面一帯で、西前方三〇〇mほどの諏訪神社の森と合わせて勝頼本隊の陣場である。ここは、滝川渡河地点と武田軍最前線との中間で、南北二kmに亘る連吾川左岸に

花ノ木公園横の「鵜ノ首」の峡谷

展開する主力部隊の動きは見えないが、本陣の位置はどの前線部隊にとっても分かりよい。

・長篠城からある程度はなれ、尚、城ににらみがきく位置である。

・武田軍主力が布陣する信玄台地を正面に臨む位置である。

しかし、連吾川沿いに連合軍の馬防柵建設が進み、「その内側で守りを固めて相手を待つ」信長の作戦が見えてくるにつれて、連吾川の見えない位置での戦線掌握は無理になってきた。状況の変化に機敏に対応できる場所へ、勝頼は再び本陣移動の覚悟を決めた。

この頃、陣中から遠州小山城《こやまじょう》[注6]の三浦右馬助宛に勝頼がだした返信（桜井家文書）がある。五月二十日付けで、要旨は次の三点である。

・「無指儀、及対陣候」…信長家康が来たが、変わったこともない

・「敵失行之術、一段逼迫」…敵は攻める手立ても無く、困っている

・「無二彼陣へ乗懸」…いい機会だから、迷うこと無く信長・家康の陣へ攻め込むつもりだ

両軍の緊迫した対陣の様子よりも、膠着状態と読める。馬防柵構築を、相手が縮こまっているとみて、「一気に決戦を！」と考えたのであろうか。

清井田→才ノ神本陣（下写真）

いつの時点で、清井田の勝頼本陣が「才ノ神」に移動したのかは分かりに

くい。二十一日は早朝から決戦であるから、前日の二十日の移動である。だが、清井田への移動が二十日の可能性もある。

『松平記』は、「勝頼の陣柳田の山にハ俄にかまへしかば」と、急いで陣を置いたという。「柳田の山」が「才ノ神」である。地元では古くから「赤ハゲ」と呼び、昭和三十年頃までは、文字通りの「赤ハゲ」地形で、樹木が一本も生えない赤地の斜面が広がっていた。当然、西側の連吾川方面の見通しもよくきいていた。注7

見通しのよさと共に台地の最もくびれたところで、両軍激突の連吾川ラインにも、背後の五反田川沿いの道筋にも近く、戦線状況の把握には格好の地であると共に、万一の場合の戦場からの離脱も容易な場所である。この才ノ神の北東側三〇〇mほどのところに伝説の「甲田《こうでん》」がある。

才ノ神→天王山へ

才ノ神から、くびれた台地のふちを南側に進むと、十分ほどで連吾川に突き出た天王山に出る。明治の『南設楽郡誌』に「勝頼…戦意ヲ決シテ本陣ヲ柳田村天王山ニ進メ」という記述がある。両軍の衝突最前線に近づきすぎているが、状況を把握するには抜群の地形である。本陣としてではなく、地元に伝わるように「前線の武田軍に最後の望みを懸けての戦況把握」ではなかったのか？

鳶ヶ巣炎上で背後を絶たれた格好の勝頼にとって、副将格の内藤昌豊の布陣する天王山は、依るべきひと時の木陰ではなかったか？　渡河以降の本陣移動の道筋は、そのまま、勝頼の苦衷の足跡のように思われる。

「勝頼公指揮の地」の碑

平成五年、武田勝頼自刃の地の山梨県大和村（現甲州市）によって、「勝頼公観戦地」天王山の内藤昌豊塚の横に建てられた。材は特産の甲州鞍馬石で、設楽原との交流の記念である。注8

勝頼の戦地本陣移動の跡を歩く道筋は、この五十年間のふるさととの変わりようを訪ねる道である。

①清井田から有海方面への旧道「秋葉街道」…昭和五十八年完成の有海原工業団地と共に、武田軍の主力が進んだ旧道は姿を消した。有海側の上り口と清井田側の永観寺付近が僅かに残る。

②諏訪神社下の「下々《しもそう》の追分」…市道改修関連で跡形が消えるが、追分の二つの道は新道に引き継がれる。一つは清井田踏切を越えて有海のころみつ坂方面へ、一つは大海方面へ向かう。

③才ノ神…「塞ノ神」であるが、村（信玄組）では秋葉様として祀る。戦後の植林で、赤ハゲ地形が普通の山になった。

④天王山…「武田勝頼観戦地」「内藤昌豊陣地」「勝頼公指揮の地」「横田備中守綱松之墓」等があり、信玄台地の一角で現在は広場。東・北・西の三方は当時のままの山の斜面である。

本陣への道筋は一変したが、それぞれの本陣跡は木立ちの中で当時の面影を残している。

注1　馬場・内藤・山縣等の戦場経験豊かな宿将と勝頼の側近衆との「織田信長」認識の違いである。
注2　岡崎城の長槍隊長撰文の碑（一八二七）。『長篠戦後四百年史』参照。
注3　「猿橋」と呼ばれる場所が二箇所ある。長篠発電所の横とその堰堤直下「鵜ノ首」の所である。『寒狭峡の呼称』（滝川保海・鈴木孝行）参照。
注4　鶴岡市致道博物館：庄内藩主酒井家の御用屋敷を中心に、鳶ヶ巣奇襲隊の酒井忠次の関係である。
注5　地元の『大海拾史』も、渡河は「鵜ノ口」と「猿橋」だという。
注6　五月二十日付け勝頼書状で、三浦右馬助宛と長閑斎宛に同文の二通がある。左は「三浦右馬助」宛書状、引用は、『愛知県史：織豊編1』一〇九七史料による。（一章の2参照）
当陣之様子無心許旨、態飛脚祝着候、万方属本意候之間、可為安緒候、然者長篠之地取詰候之處、信長家康為後詰雖主張候、無指儀及対陣候、敵失行之術、一段逼迫之躰候之条、無二彼陣へ乗懸、信長家康両敵共此度可達本意儀、案之内候、猶其城用心別而可被入干念儀、可為肝要候、恐々謹言　追而両種到来、喜悦候
五月廿日　勝頼（花押）　三浦右馬助　殿
注7　赤ハゲ：昭和二十年代ころまでは、里山のあちこちに、数本の松以外草木の生えない砂地の斜面があった。
注8　交流の一環で、大和小学校（現甲州市）の児童が設楽原歴史資料館を見学した際、資料館西側の裏庭で火縄銃の玉を一個発見している。設楽原出土の十七個の玉の一つ「高橋玉」である。コース⑩参照。

武田軍の設楽原進出と本陣の移動

戦国ウォーク・コースガイド

滝川を渡河しての設楽原進出が、武田の命運を切り裂いた。その跡を辿《たど》る。

①医王寺山本陣から滝川の渡河へ　医王寺山から大通寺に進み、国道を横断して長篠城址入り口を右に折れ、旧道を進む。突き当たりを左下へ降りれば岩代の渡しである。

②滝川から清井田へ　川へ降りずに、右へ出て一五一号線を長篠大橋に向かう。橋を渡った所の有海交差点を左折し、そのまま鳥居駅まで南進する。踏切を越えて線路沿いに西へ坂道（上り）を進む。ここからコロミチ峠を経て清井田道へ入るが、ここは工業団地の造成で昔の面影はない。右側の歩道を上って下り、三菱の工場が終わるところで、僅かに残る旧道に入る。清井田本陣の看板が目印である。（＊平成二六年度までは工事中）

③清井田から才ノ神本陣へ　清井田本陣直ぐ南の小さなお堂（永観寺）から坂を下り一五一号線に出る。信号でここを渡り、踏切を渡って西へ直進する。六〇〇mほどで才ノ神台地の下へぶつかる。台地のすそを左へとって信玄（八束穂《やつかほ》）の庚申堂前にでる。ここから看板に沿って徒歩七分ほどで、才ノ神本陣に着く。（山中の「才ノ神」へは、夏季、蜂や蛇に要注意）

④才ノ神から天王山観戦地へ　一度庚申堂前にもどり、信玄の街沿いに設楽原歴史資料館北側の子ども園を目指す。子ども園北隣の広場奥に、「勝頼公指揮の地」の碑が立つ。

コース⑦

武田軍の布陣と点在する武将塚

古戦場に点在する戦国将士の塚は、彼らの布陣の地が近いことを伝えている。

1　武田軍の布陣
2　信玄台地の武田塚
3　上州安中城の無念

熊谷昇吾、清水敏一、山内一三美、小林芳春

土屋昌次碑（時代毎に４碑）

1　武田軍の布陣

十八日、設楽原の連吾川右岸沿いに全軍を配置した連合軍に、誘い出されるように、武田軍は二日遅れの二十日、連吾川を見下ろす信玄台地一帯に布陣を完了した。

台地に武田軍

武田軍が連吾川左岸に陣を敷いたことは『松平記』等ではっきりしているが、具体的にどの部隊がどこへということはどの文献にも記されていない。

『松平記』…「勝頼の陣柳田の山にハ俄にかまへしかハ、柵の一重もふらざりけり」注1

『信長公記』…「武田四郎瀧澤川を打越あるミ原三十町計踏出し、前に谷をあて、甲斐・信濃・西上野…を相加一万五千計十三所に西向に打向備」注2

『甲陽軍鑑：品14』…「右は馬場美濃、二番に真田源太左衛門・同兵部介、三に土屋右衛門尉、四番に穴山、五番に一条殿、以上五手。左は山縣を始五手、中は内藤是も五手」

地元文献の『長篠日記』系に武田軍の布陣地名が十か所ほどあるが、部隊名はない。地元で参戦し記録を残している野田の菅沼氏・長篠城の奥平氏の場合、設楽原の記述はない。注3

本文の記述にはないが、『長篠日記（林本・宗堅寺本）』や『菅沼家譜』に、布陣図の形で主な武将の配置が記されている。これらと『甲陽軍鑑』を参考に武田軍の戦線配置をまとめた。

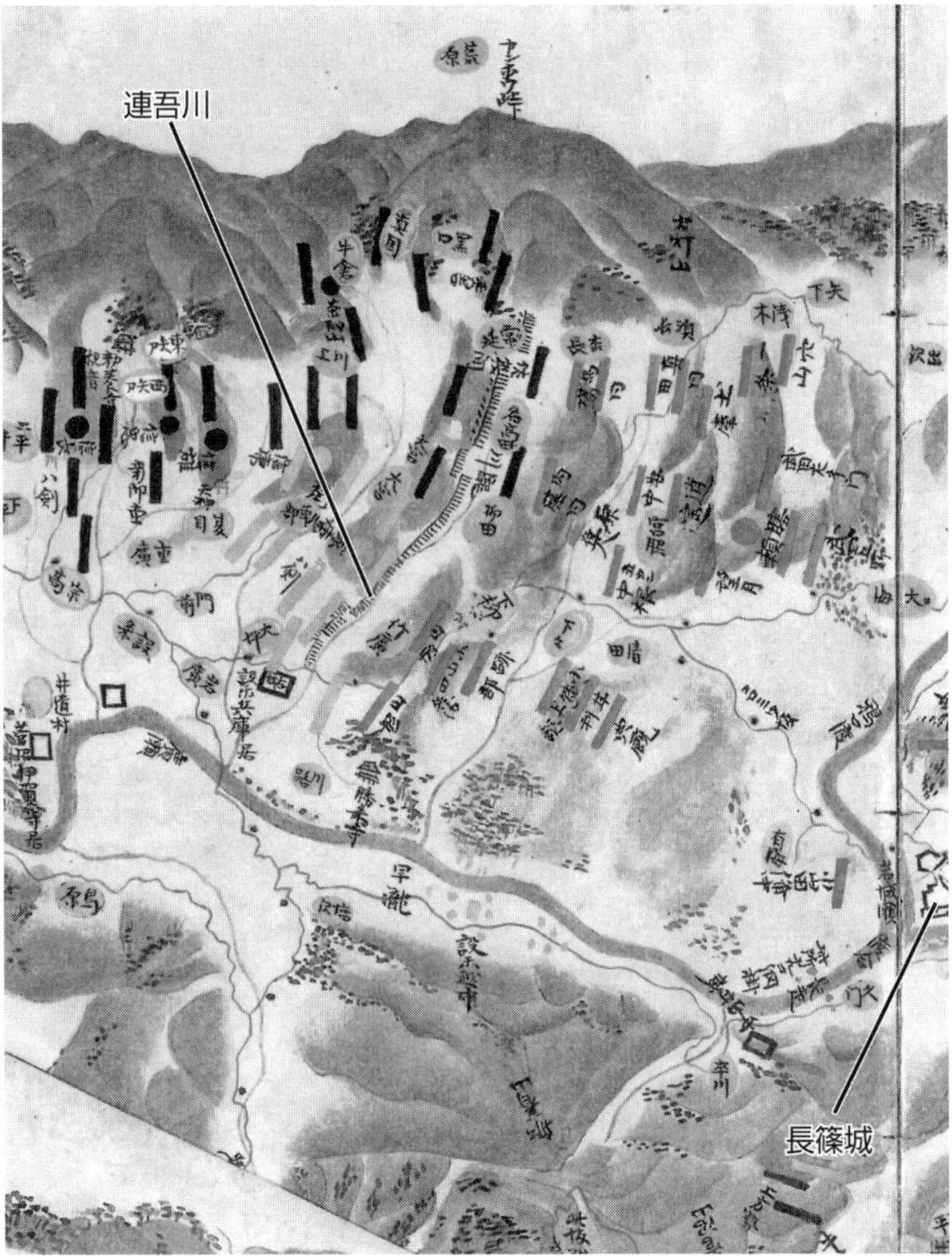

『菅沼家譜』（成立 1677）の設楽原決戦両軍布陣図（宗堅寺所蔵）＊口絵参照

①地名は正確。誤りは次の 2 か所「矢下→谷下，清田→清井田」

②川筋がきわめて正確。五反田川の支流，連吾川・大宮川の関係，
半場川の支流，豊川の広瀬下流での蛇行等。

③弾正山・信玄・有海原各台地の地形描写は実態に近い。

右翼（浅木・宮脇から須長方面へ…丸山砦・大宮前の攻防へ）
馬場信房一二〇、**真田兄弟**二五〇、**土屋昌次**一〇〇、穴山信君二〇〇、一条信龍二〇〇

中央（下々から信玄台地の天王山・柳田方面へ…オノ神本陣、柳田前激戦地）
内藤昌豊二五〇、**小幡信貞**五〇〇、**安中景繁**一五〇、**和田業繁**三〇、上州白倉（五〇）・後閑・中根（六〇）、**原昌胤**一二〇、武田信廉（逍遥軒）八〇

左翼（清井田から川路・竹広方面へ…台地南端の竹広・勝楽寺前激戦地）
山縣昌景三〇〇、小山田信茂二〇〇、**甘利信康**一〇〇、跡部勝資三〇〇、武田信豊（典厩）二〇〇

勝頼本陣　前備　**望月義勝**六〇・後備　武田信光一〇〇・脇備　仁科盛信一〇〇、**横田綱松**三〇

長篠城監視隊　小山田備中昌行七〇、**高坂源五郎昌澄**

鳶ケ巣守備隊　**武田信実**一五・三**枝守友**三〇、**飯尾助友**・**五味与三兵衛**（浪人衆）

・網掛け…武田氏の親類衆　　・太字…設楽原で討死した武将
・数字……『甲陽軍鑑』品十七が記す各武将の掌握騎馬数（ここへ足軽がつく）

参謀本部編の『日本戦史―長篠役』は、西上野の小幡信貞を左翼にしているが、ここでは同郷の安中氏と同じ中央隊とした。その他、留意した点、問題点は
・内藤昌豊を、『長篠日記』は〝滝川左近（織田軍）と衝突〟と記し、『甲陽軍鑑』の〝中央隊〟と

合うが、『本多忠勝家武功聞書』は内藤隊が第三の柵を破り、〝徳川軍との衝突〟だという。

・武田方の望月信雅が、文献によって本陣付きになっているが、当時隠居しており出兵していない。参戦したのは養子の「義勝（信繫次男）」である。（『設楽原戦場考』望月重氏の項）

・田峯城菅沼氏の参戦は、定直（『日本戦史―長篠役』）ではなく甥の「刑部定忠」である。定直は留守部隊で田峯城に在城し、敗北帰還途中の勝頼・定忠一行の入城を拒んでいる。設楽原では、地理案内を兼ねて勝頼本陣付きと考える。（『北設楽郡史』第七章）

連吾川沿いすべてに柵を付けた織田・徳川の布陣を、武田軍の各将士はどんな気持ちでみていたのであろうか。前項で取り上げた勝頼の二十日付書状では、「無二彼陣へ乗懸（とにかく、右岸の織田・徳川軍へ攻め込むつもり）」と、総指揮官がいう。

翌二十一日、全戦線で先陣を務めた譜代の武将はほとんど討死し、後備えの多かった親類衆の討死は極めて少なかった。

攻めにくい連吾川ライン

この辺りの地形は、南にのびる二つの台地（標高一〇〇m弱）とその間を流れる小川とその河岸段丘（標高七〇mほど）の平地でできている。台地の土質は、きれいな赤土とザバ土（風化した花崗岩）で、下の平地は耕作土の黒ぼくで、今も変わらない。変わってきたのは里山の見通しで、明治の頃までは台地からの見通しはよかったが、現在は杉・檜の植林が成長して見通しは良くない。

川幅は狭く柳田辺で二〜四m（護岸改修前）、連吾川両岸の平地の幅は一〇〇〜三〇〇mと場所によってかなりの違いがあるが、一帯に田畑が広がっている。慶長検地と昭和初期の田畑面積を比べると、そんなに大きな違いはなく、当時もかなりの水田が開けていたと考えてよい。注4

つまり、攻め込む武田軍は目の前の水田（田植後）を進むことができず、進撃路は水田のない所に限られる。一方、柵で守る側の連合軍にとっては、防備を固める場所は水田のない所だけでよくなる。鉄炮で待ち受ける連合軍と無理にでも攻込む武田軍とでは、その対応の難易は明らかである。

その点、参謀本部編『日本戦史—長篠役』（明治36）の会戦地の地理「火田多ク水田少シ、蓋シ此田畑ノ過半ハ当時皆原野ナリシナラン」は、古戦場の地形理解を大きく後退させた。

2　信玄台地の武田塚

〝信玄台地〟の地名は、この設楽原で武田軍を破った信長の「武田、倒れたり」を意図した〝信玄塚〟の命名から始まるが、文字通りここは武田軍の鎮魂の台地である。古戦場に点在する数多くの武田関係の塚は、具体的な記述の少ない武田軍の布陣位置を推定する貴重な手がかりである。

最前線「資料館周辺」

①桜老樹の塚　甘利信康碑……設楽原歴史資料館の西側道下：八束穂《やつかほ》字天王一〇五九

武田軍の鉄炮衆といわれる甘利郷左衛門信康の塚が、歴史資料館を西北へ下りきった交差点北東角の畑の中に祀られている。碑の横には八重桜が植えられているが、明治三十四年の桜内幸雄の調査記録にも「其上（塚）ニ桜ノ古木一株アリ、之ヲ墓標ナリト称ス」とある。幹は太くはないが、株は確かに古い。

韮崎《にらさき》市甘利山大泉寺一帯の地が甘利氏の居館の跡である。甘利家の若き当主昌忠の急死（永禄七）で弟の信康が後を受けたと思われるが、昌忠の子の後見役は武川衆《むかわしゅう》の米倉丹後守重継である。

設楽原の布陣で、米倉隊は甘利隊と同陣とも考えられるが、甘利信康の塚は中央（八束穂字天王）に、米倉重継の塚は右翼軍の先（大宮字長頭貝津）で、織田軍陣地に入りこんでいる。同じ武田左翼への布陣にしては、両者の塚は大きく隔たっている。[注5]

②赤武者の塚　小幡上総介碑……信玄塚西下：竹広字信玄原五四八

「小幡一党赤武者にて…馬上の功（巧）者」と恐れられた西上野小幡の戦死は、諸書にでているが、それが誰で、どのあたりなのかについての記録はない。わずかに地元の『戦場考』が「小幡上総介信貞の墓…新間東弾正山中」と記すのみである。[注6]

③関東衆と旗本　岡部竹雲斎・岩手胤秀の碑……首洗い池の西上：竹広字山形五一二

岡部竹雲斎は、文斎遺稿によれば、西上野の和田城家臣である。岩手左馬之助胤秀は笛吹川《ふえふきがわ》右岸の岩手郷（山梨市岩手地区）の岩手一族で、設楽原で戦死は間違いないが、名前は文献によって異なり、「胤秀・胤義・信重」などとある。岡部竹雲斎は関東武者で中央隊と思われるが、岩手胤秀は地元の旗本で勝頼本陣付きと思われる。所属の違う二人の塚を『戦場考』が同じ「血洗池」の近くと記すのはなぜだろうか。[注7]

④陣場奉行の家 原昌胤碑……信玄塚西隣の畑：竹広字山形五三七

原昌胤の碑は、『戦場考』に「比羅の松荒神の社外に土饅頭」と記されているが、現存するのは大正碑だけである。原家は武田譜代の重臣で代々陣場奉行をつとめているが、暴れ川の釜無川《かまなしがわ》治水で知られる信玄堤の工夫も原隼人佑だという。昌胤の布陣については、中央隊のほかに左翼隊の説もあるが、碑の位置からはどちらともとれる。原昌胤については、旧八名村一鍬田《ひとくわだ》に原家伝説がある。[注8]

武田本陣「才ノ神」周辺

「才ノ神」は武田戦地本陣であるが、両軍激突の連吾川を間近に臨む最前線の一角でもある。信長も「家康公陣所、高松山とて小高き山」（『信長公記』）の弾正山に移動して、戦いを迎えている。

両軍のトップは五月二十一日、それぞれの最前線に立って決戦を迎えた。

①真の副将 内藤昌豊碑 …設楽原資料館東隣の天王山：八束穂字天王一〇四一 ＊コース⑧参照

コラム⑦

訣盃《けっぱい》の泉

菅野　務（清泉の水の清井田人）

武田軍宿将の訣盃伝説は、滝川渡河を前にした長篠本陣の場合と設楽原決戦を前にした清井田本陣の場合とがある。梅雨明けの真夏の時期、いくつかの訣盃があり、それぞれの湧き水が渇を癒したのであろう。

大通寺説（長篠城の北正面）　これは、『長篠日記』に「大通寺山ニ清水有、是ヲ汲ミ…水酒盛ヲシ…岩代《いわしろ》川（滝川）ヲ越タリ」とある。文政十年（一八二七）に、岡崎藩の長槍隊長（松下煥）が寺の裏に盃井戸の碑を建てている。

清井田説（八束穂の清井田集落の西斜面）　大道寺友山の『落穂集』に「四人ノ家老共ハ、清井田ト申ス所ニ至リ清水湧キ出デ流レル池ノホトリニテ…清水ヲ汲ミ寄セ…飲ム」とある。伝承の湧き水は二か所あるが、水の道はどちらも強い。

①「清水寺《せいすいじ》（菅野旧宅）」の自然池で、清井田戦地本陣に近い。新東名関連工事で池は消えた。わずかだが湧水地の一角が残された。

②「清水ケ入《しみずがいり》」は山田の湧き水。古い山茶碗を牧野鉦一氏発見の場所。清井田が清泉の里であることは、太田白雪《はくせつ》が『続柳陰』に明記している。「清キ井泉アリテ村ノ田ニカカル故ニ村ノ名トス」と。

才ノ神勝頼本陣からみて、最も近くに布陣した武田の重臣が内藤昌豊である。塚のある天王山の西北端は、植林のなかった当時、眼下に連吾川中流部を見渡す絶好の場所であった。

②若き武将 土屋昌次碑　…信玄街並みの東側すぐ：八束穂字八子九四七　＊コース⑦扉写真

・十七歳で信玄に仕え、二十一歳で侍大将になった武田の若き武将は、馬場隊・真田隊と共に武田軍の右翼を務め、上方勢に攻め込んで討死した。

・塚は勝頼本陣に近いハネ（八子）にある。石垣の上に盛土をした立派な塚で、「苔むした一石五輪」、大正三年の顕彰碑。大正六年の子孫による三m近い「忠誠」の板碑、平成の「従士温井左近之碑」と、数多い碑が彼の短い人生を偲んでいる。

・土屋の布陣は右翼の須長方面と思われるが、塚は中央隊の後方にある。戦場を離脱する勝頼本隊を援護するために、中央隊の背後まで来たのであろうか。『長篠日記』の「惣蔵ハ兄右衛門尉ヲ無心許思テ…」の部分は、昌次のそうした動きをうかがわせる。七年後の天正十年、最後まで勝頼に従って武田に尽くしたのも土屋惣蔵昌恒で、昌次の実弟である。

③勝頼本陣 才ノ神　…信玄街外れの看板から北東へ山道：八束穂字藤谷一一〇八

「才ノ神」はもともと村境や峠など村外れの場所にある。武田本陣跡の「才ノ神」もその一つで、以前は四方から道があったが、現在は次の道だけである。

・土屋昌次碑から通りへもどると、北東へすぐの三叉路に「才ノ神本陣」への道案内がある。

この案内で、小道を歩いて十分ほどである。
・本陣跡付近が、このあたりの最高地点で、木立の隙間から連吾川方面が見え、当時の見通しのよさが推測できる。すぐ下に見える柳田の常林寺《じょうりんじ》や東側の宮脇・下々方面への小道もあった。現在は小高い山林の中。

④柳田の 土饅頭三つ …柳田・常林寺の左手すぐ…八束穂字藤谷一一九

「柳田郷与平衛なるもの裏山に土饅頭」と『戦場考』が記す土饅頭の主は、次の三人である。塚の位置は勝頼本陣のすぐ西下近くである。
・川窪備後守詮秋　『信長公記』の「川窪備後」が、『信長記』では「信玄の舎弟川窪兵庫頭」となっている。川窪兵庫は鳶ヶ巣守備隊長の武田信実である。「備後」と「兵庫」は同一人物か？『恵林寺雑本』ではそれぞれ討死という。兵庫は鳶ヶ巣、詮秋は本陣付きと考える。
・土屋備前守直規　元、今川水軍の岡部忠兵衛貞綱は、永禄十二年以降（今川滅亡後）武田信玄に用いられ「土屋備前」を名乗る武田水軍の主将である。その後、土屋昌次の弟金丸昌恒を養子に迎えている。備前守直規は豊前守貞綱とも記されているが、経緯については、沼津の土屋誠司氏資料が詳しい。土屋昌次の相備か、本陣付きか？注9

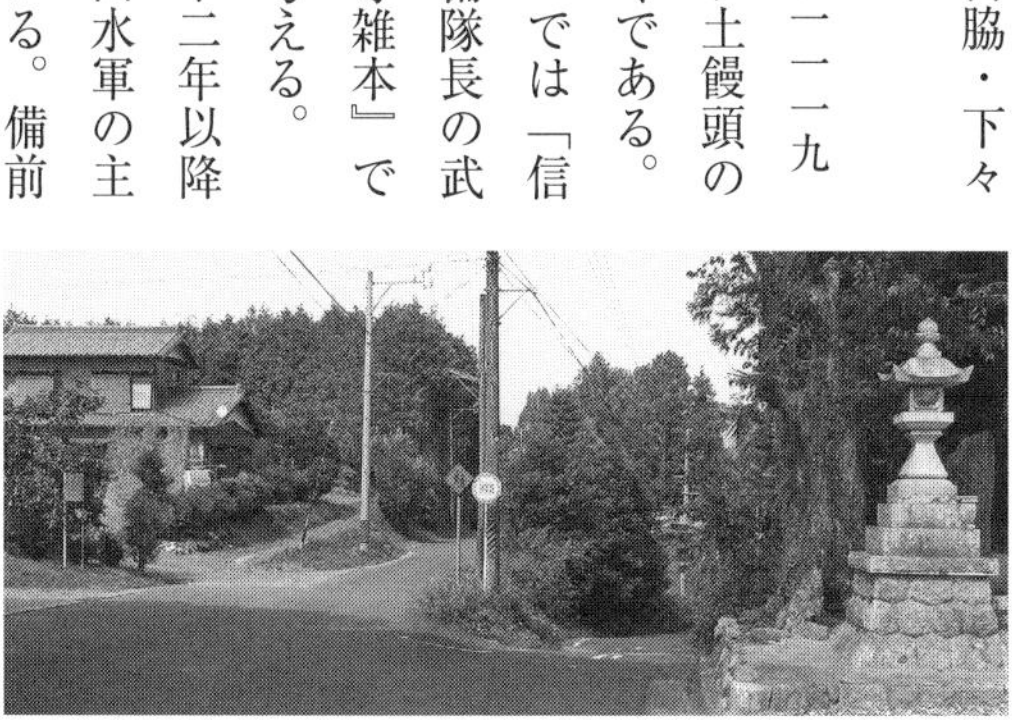
「才の神」入り口

・望月甚八郎重氏　北佐久郡の名族望月氏の分家筋の弟である。分家が、武田信豊の弟（望月）右近太夫義勝を養子に迎え、甲州では「望月殿」と呼ばれている。その義勝も重氏も、『恵林寺雑本』は設楽原で討死としている。義勝は帰郷途中に三州御園《みその》で非業の最期を遂げ、重氏はここの「土饅頭」の一人という。[注10]

⑤謎の塚　五味与三兵衛　…県社線須長峠の南側山中、崖の上で要注意

五味与三兵衛貞氏は、鳶ヶ巣山の奇襲で討死したとされるが、塚は、主戦場「才ノ神本陣」のすぐ横である。一説に「五味は鳶ヶ巣を遁れて勝頼本陣へ来た」[注11]と。

左から望月・土屋・川窪の塚

3　上州安中《あんなか》城の無念

拒《こば》みがたき
甲斐の権勢に従ひて
わが上野人《こうずけびと》　多く討たれき

昭和十八年、上州高崎出身の土屋文明が長篠出兵の安中城（隣市）を詠んだものである。戦時一色の日本にとって〝よくぞ！〟と思う字句が並ぶ。

戦国時代、上州碓氷《うすい》郡一帯を支配していた安中氏は、武田軍の長篠城攻めの一翼を担って設楽原に布陣した。出陣を要請する三月二十四日勝頼書状があり、「此度は、とりわけ人数が肝要」という勝

頼の要請に一族を挙げて応えている。[注12]

地元史料では、安中左近は内藤昌豊隊に次いで二番手・三番手で中備えに位置し、五月二十一日の決戦で討死をしているが、彼の塚がない。次はその無念の事情である。[注13]

生き残りを懸けたはずなのに

①上州西の出口に位置する安中氏は、対武田対策として、上州名門の箕輪《みのわ》城長野氏と姻戚関係を結び、上杉方に属して西上野での安泰を図った。[注14]

②永禄年代に入って武田軍との抗争に敗れ、武田に下った。甘利の女婿として新たな姻戚関係を結び、生き残りを図った。百五十騎を擁し西上野の有力武将として貢献してきた。[注15]

磐石に見えた武田軍、加えて、参陣要請に記された新領主の気遣い「帰郷無幾程…出陣御労煩、痛み入るばかりに候」に応えるべく、碓氷の里を四月朔日に出立してから一か月と二十日。思いもよらず設楽原の武田軍は大苦戦となり、異郷の地に果てることになった安中左近の胸中を、様々な無念が駆け巡った。「生き残りを懸けて受け入れた苦難のすべて」が、「無」に帰するのでは……?

誰も帰れなかったお城

左近が倒れながら抱いた恐れは、現実であった。武田軍は、予期せぬ織田軍との決戦に引き込まれ有力武将の多くを失った。設楽原敗北のうわさは、六月になるとかなり詳しく安中の城にも伝わってきた。犠牲は大きくても残された者で立て直しをと…わずかな望みを抱いて〝誰が帰還するのか、ひそかに心待ちする日々〟が続いたが、半月経ち一か月が過ぎるというのに、安中城には誰も戻らなかった。城主はじめ出陣した者尽く討死して、帰れなかったのである。

やがて、手足のもぎ取られた城は放棄され、残された者には四散の道しかなかった。

「無念」に耐えた安中の発信

悲劇の年から三百年、安中城すぐ近くの安中教会は、一枚の機関紙『上毛教界月報』を通して、当時戦争への道をひた走っていた日本の帝国主義の動きに、激しく警鐘を鳴らしていた。

・朝鮮植民地化に荷担する朝鮮伝道の批判、ロンドン軍縮条約に対する日本側対応の批判、満州駐屯兵撤退の提案　など[注16]

明治三十一年から昭和十一年の四五九号まで、十一回の発行禁止を受けながら、時代の暴走と戦った安中教会の発信は、形は大きく異なっているが、戦国の安中城の無念を晴らすのに最もふさわしいふるさとの贈りものではなかったかと、設楽原は思っている。

武田軍の布陣と甲州将士塚

戦国ウォーク・コースガイド

設楽原の決戦は、連吾川沿いの馬防柵が両軍の衝突ラインになった。その前後に点在する武田の武将塚は、戦いの経過を含めながら武田の右翼軍・中央軍・左翼軍各主力の布陣をもの語っている。

甘利塚～首洗い池コース（信玄台地南）　＊起点・終点共に歴史資料館

桜老樹の甘利塚→赤武者の小幡塚→地名になった山縣塚→首洗い池と二人の平成塚→信玄塚西の原昌胤碑→信玄塚の供養塔

内藤塚～才の神　コース（信玄台地中央）　＊起点・終点共に歴史資料館

天王山の内藤昌豊碑→悲劇の横田備中塚→惣蔵の兄土屋昌次塚→勝頼本陣「才ノ神」→謎の五味与三兵衛塚→与平衛裏山の土饅頭三つ→柳田前激戦地（歴史資料館）

＊注意：この二つの道筋は、山中の部分があるので、夏から秋にかけては蜂や蛇にも注意がいる。

注1　『松平記』は、地元文献以外で、唯一、武田本陣の「才ノ神」「柳田の山」を記している。

注2　ここの谷は「連吾川」。「あるミ原三十町計踏出し」の「三十町」も正確。有海原の範囲については後述。

注3　『長篠日記』も『菅沼家譜』も、布陣図には本文にない詳しさがある。

注4　「連吾川周辺の水田状況」は、夏目利美の新城市郷土研究会報告（平10・2）、設楽原をまもる会「設楽原：第12号」（平13・7）等による。新城市誌資料『慶長九年検地帳集成』参照。

注5　甘利と米倉の関係は、『設楽原戦場考』の「米倉」・「甘利」の項、『甲陽軍鑑』品12・17によった。

注6　コース⑧の「関東武者小幡一党」参照。

注7　『戦場考』の記述から二人の碑を新たに建てた。「東弾正山血洗池に面し」から、首洗い池を臨む台地の西高台付近とした。岩手氏は武田支流で、地元岩手郷（笛吹川中流右岸）では「東の武田殿」といわれた。

注8　滝川一氏（新城市一鍬田、故人）の『一鍬田古文書研究』による。

注9　土屋誠司氏（沼津市）資料「岡部系土屋氏系図」等による。

注10　・『甲陽軍鑑：品9』に、望月義勝と望月甚八郎重氏とは同一人物（一説）とあるが、ここは別人とみる。

・『熊谷家伝記』に、「五月二十二日、武田方の侍、御園村にて討たれながら云う。〝吾は信濃の者なれば、信濃の風の吹く所へ死骸捨てよ。さもあらば、仇を報ふまじ〟と。」今も望月峠に、「望月様」として祀られている。

＊望月峠（御園峠）：御園から上黒川（豊根村）へ抜ける峠。

注11　『三河国二葉松』では、「鳶ヶ巣山討死、埋于首此所（柳田村）」。何か事情がありそうだが不明。

注12　『愛知県史：織豊』の史料一〇七四号（慈雲寺文書）による。勝頼の安中宛書状（コース②参照）。

・於此度ハ別而（とりわけ）可被催人数事肝要候、恐々謹言

・追而、如顕先書候、長々在番、帰郷無幾程、出陣御労煩、痛入計候、以上（一部のみ）

注13　布陣は『長篠日記』『菅沼家譜』の布陣図に、討死は『甲陽軍鑑』『松平記』『家忠日記増補』等による。

注14　『安中市史：第二巻「通史編」』、『群馬県の歴史散歩』（山川出版社）を参考にした。

注15　『甲陽軍鑑：品17』に「上州安中も則安中に被仰付、是は甘利がむこ也」とある。

注16　同志社大学人文科学研究所レポート『戦時下の「上毛教界月報」』（林達夫氏）による。

コース⑧

激戦の跡…
連吾川ライン

「あした」をかけて戦場に向かうが
戦いは多くの「あした」を奪う

1 勝楽寺前の激戦
2 武田軍の中備え
3 丸山砦周辺の攻防
4 信玄塚の供養四百余年

山本功、峯田十輔、内藤彰、近藤治夫、前川幸雄

小塚の観音菩薩石像

この戦いの多くの衝突は、北から南へ流れる連吾川ラインで行われた。この川筋は東西に対峙する両軍布陣の最前線で、想定の場所で想定のようにぶつかった珍しい戦いである。

地元の古戦場顕彰会は、大正三年に激戦地跡として次の四本の石柱を立てた。

・勝楽寺《しょうらくじ》前激戦地、竹広激戦地、柳田前激戦地、大宮前激戦地

＊左図は「新城市都市計画図」（新城市役所）による。

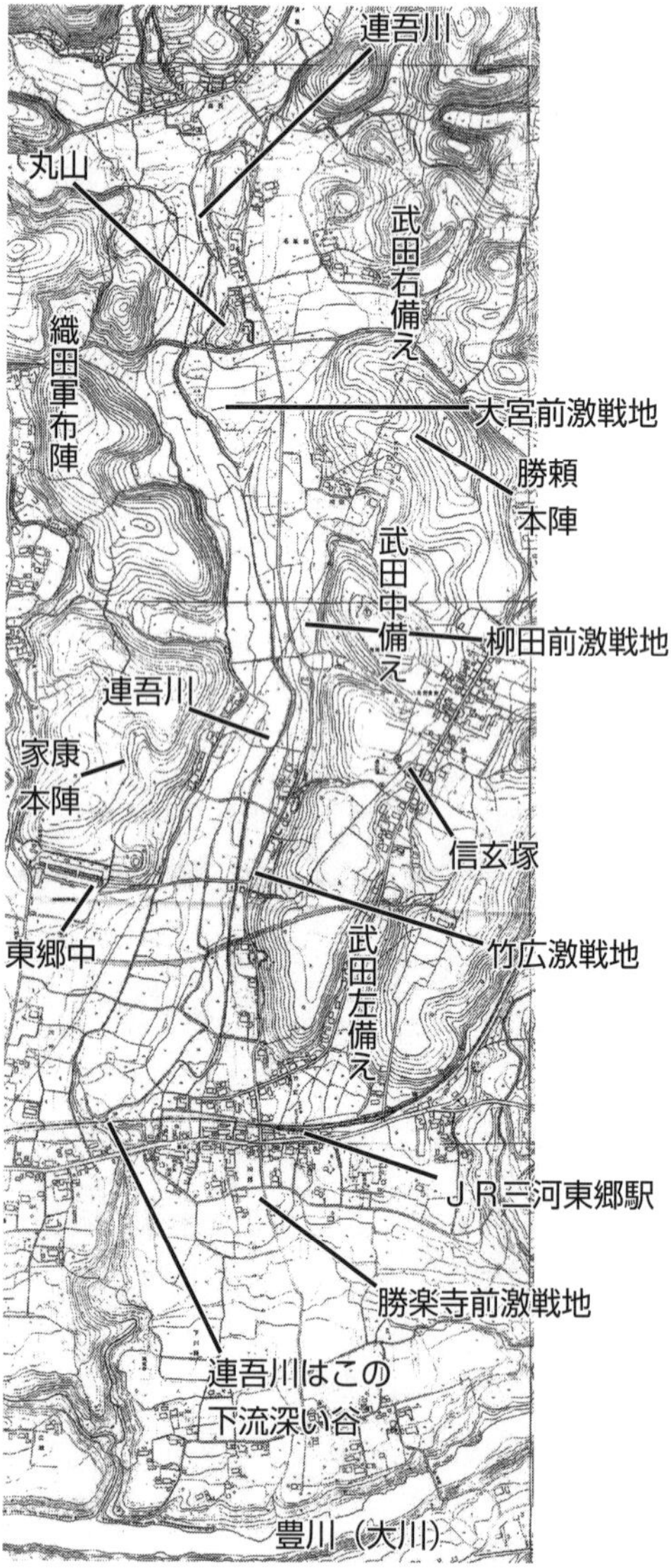

設楽原の連合軍布陣についての『信長公記』は、地名の問題はあるが、対峙は分かりよい。[注1]

連合軍「御人数三万計、先陣ハ…家康公…同あるミ原へ打上、武田四郎に打向、東向に備られ」

武田軍「あるミ原三十町計踏出シ、前ニ谷をあて…一万五千計、十三所に西向に打向備」

連吾川を挟んで東西に相対した両軍の衝突は、次のように記されている。（下欄の備えは筆者見解）

一番	山縣三郎兵衛、推太鼓を打而…鉄炮を以て散々ニ打立られ（引退）	左備
二番	正用軒（信廉）、入替懸れ者退、退けば引付…鉄炮ニ而（過半うたれ）	中備
三番	西上野小幡一党、赤武者…鉄炮ニテ待請（過半被打倒）	中備
四番	典厩（信豊）一党、黒武者ニ而懸来…鉄炮計を相加、足軽にて（引退）	左備
五番	馬場美濃守、推太鼓ニ而かかり来、右同前に勢衆うたせ（引退）	右備

一番から五番まで、すべて武田軍が攻め込み、連合軍はすべて鉄炮で打ち立て、武田軍が「引退」している。「引付」「待請」の文字から、連合軍が柵で守りながらの「鉄炮の攻め」と読める。

1　勝楽寺前の激戦

武田軍左翼と徳川軍の戦場は、連吾川を挟むように南へ伸びる二つの台地の端周辺である。

当時の勝楽寺は、武田軍が布陣した信玄台地の南端で、現在地より少し北側、首洗い池に近かったようである。勝楽寺から真西に三町（三〇〇ｍ）ほど進むと、連吾川のビンズル淵付近にでる。ここを境に上流はおだやかな平原の川で、下流は深い谷を刻んでいる。
この独特な地形から、武田軍にとっても徳川軍にとっても、南に回りこんで「柵のない所から」という他とは異なる戦いの一面があった。

『信長公記』（概略：山縣…懸って来たが、鉄炮で散々に打立てると、退いた。典厩一党も鉄炮で…）

・一番、山縣三郎兵衛、推太鼓を打て懸り来候、鉄炮を以て散々ニ打立られ引退

・四番、典厩一党黒武者ニて懸来候、如此御敵入替候へ共、御人数一首も御出なく、鉄炮計を相加、足軽にてあひしらひ…

『小野田本』（概略：山縣は…岡崎衆・浜松衆両方と戦い、柵のない川路の方から攻めようと…）

・山縣三郎兵衛ハ千五百ノ人数ニテ、岡崎衆六千ノ人数ヲ柵ノ内へ追込、然トモ浜松方、五百挺ノ鉄炮足軽トモ渡合、爰ヲ専度ト入替入替放掛ル、山縣ハ柵ヲ付サル川路ノ方へ乗廻シ後ヨリ掛ントスルヲ、大久保七郎右衛門…追込追出シ九度マデ廻リ合…

『大須賀記』（概略：柵外の馬は御法度なので、上の者も下の者も徒歩で柵の外に出て、戦った[注2]）

・信長公ノ御人数皆柵ノ内ニ引籠、一人モ出不申処ニ、遠州・参州ノ衆…柵ノ外へ出馬ハ御法度ニテ出不申候故、上下歩立ニテ出入乱、御合戦始リ候…

山縣昌景・武田信豊（典厩）等の左翼隊が鉄炮で崩されたこと、柵から出ない織田軍に対して徳川方が柵の外へ出て戦ったことなどが記されている。『三河物語』の大久保兄弟奮戦の記述も、何が事

実かは別として、双方の激しい衝突・駆け引きが分かる。

地名になった山縣塚

黒地に白桔梗の旗指物を背に戦場を駆ける山縣三郎兵衛昌景が銃弾を浴びて倒れると、走りよった従者の志村又右衛門は主君をかかえて後方の阿弥陀堂まで退いた。遺体に「供養を依頼する旨の走り書き」と短刀「小烏丸《こがらすまる》」を添えると、主君の首級を抱えて立ち去った。戦いが終わると、村人は遺体を懇ろに葬り、松の苗木を植えた。やがて松は巨木となり、「胴切の松」と呼ばれてきたが、現在は檜の巨木が山縣墓を見守っている。短刀「小烏丸」は以後庄屋の峯田家で守られてきたが、七十年前の第二次世界大戦で軍に接収され行方不明である。

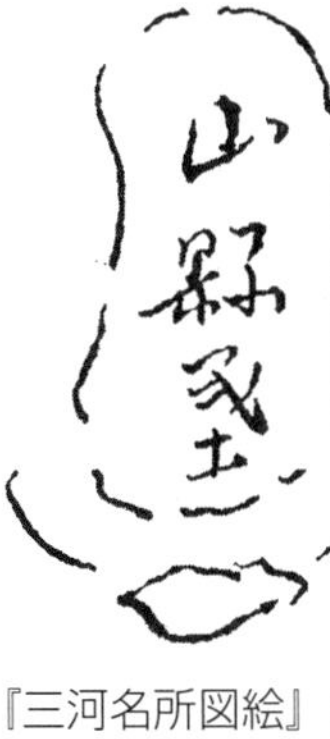

『三河名所図絵』図

この山縣墓には、父と共に討死した昌景の嫡男昌次とその従者名取道忠の碑、高坂又八郎の碑が隣合せに並んでいる。このとき、父昌景六十三歳・子昌次二十七歳、今この地の正式地名は「山形《やまがた》」である。村人はそう呼ぶことによって、戦国の親子の無念を偲んできた。

一族が見守る山本勘蔵の塚

川路の勝楽寺山門から南へ二〇〇mほどの水田地帯のあぜ道に「伝山本勘蔵信供之墓」の大正碑と小さな一石五輪が立っている。諸山の『戦場考』に「小川路部落の東南平野に土饅頭の上に尺二三寸の石塔に山本勘介信供之墓と記し有之候」と書かれている場所である。「尺二三寸の石塔」にあたるものは現存しないが、下川路の人たちは「カンスケの墓」と呼んで親しんできた事実がある。
・標柱に「勘助」とあったからそう呼んだのか、勘助の嫡男だから同じ呼び方をしたのかは不明。
豊川をはさんで川路の対岸に「山本勘蔵埋葬の地」と記された石碑を建てるなど、一族の縁者は勘蔵の塚を見守ってきた。

勘蔵信供は山本勘介晴幸の嫡男（次男とも）で、この戦いでは足軽大将として高坂昌澄らと長篠城監視に当たっていたが、途中連吾川戦線の左翼隊に加わり討死した。二十歳の若者であった。

下川路の塚に対して、前線から四㎞近く離れた大海の下林に「山本勘蔵信供戦死の地」の碑がある。長篠対岸の位置からみて戦死の場所は、長篠城監視に当たっていたことを裏付けるようにも取れる。『続柳陰』にも「大海村…後ノ山本勘助討死ノ処也」とある。＊「後ノ」は勘助の「息子」の意。

川路は「墓」で大海は「討死」と、不自然である。このためか大正碑建立にはこんな経緯がある。
・この信供碑も他の十二の碑と共に大正三年に建てる予定であったが、この碑と高坂昌澄の碑だけは建てられずに石工の庭に残された。四十年後、二つの碑がそのままであることを知った小川路の伊藤家と地元の青年団が墓域を整備して立てたのである。耕地の関係で場所が以前の

ところから少し動いたが、かつてのカンスケ墓の所にあった大きな石を台石として利用した。注3

2　武田軍の中備え

『甲陽軍鑑：品52』は、中央布陣に多くの名を記しているが、まず内藤隊の記述で始めている。

・滝川三千計を、内藤修理衆千計にて柵の内へ追込み申候。家康衆六千計を山縣三郎兵衛千五百にて柵の内へ追込、されども家康強敵の故…

・その後甘利衆も一せり合、原隼人衆も一せり合…小幡衆も一せり合、典厩衆も一せり合、望月衆も安中衆も何もせり合には皆柵際へ追詰かち申候。甲州武田勢、中と御左とは如此。

中と左の備えが入り混じっているが、地形等を考えると実際の姿かも知れない。武田軍の中備えを『信長公記』でみると、記述は次の二人で内藤昌豊については記していない。

・二番　正用軒（武田信廉）入替懸れば退、退けば引付…鉄炮ニテ…人数打入候なり。

・三番　西上野小幡（小幡信貞）一党、赤武者にて入替かかり来候。関東衆馬上之功者にて…こなたハ身隠をして鉄炮にて待請うたせられ候へハ、過半打倒され…

関東武者小幡一党

『信長公記』の一番から五番までの中で、小幡一党を記す三番が他に比して詳しい。甫庵の『信長記』は、この小幡隊に対して徳川軍の大久保兄弟・内藤信成らが鉄炮で対応したと記し、『寛永諸家

系図伝（内藤信成）』では「先懸」で武田軍に対したと記すが、相手に「小幡」の名を記していない。[注4]

つまり小幡勢は、西上野「安中」と同じ中央隊であろう。『信長公記』の小幡（小幡信貞）一党の記述の詳しさから見ても、これは織田軍の対応である。

・まず、「関東衆馬上之功者」と騎馬を警戒している。

・そして、「身隠をして…待請」と直接の衝突を避け、鉄炮で相手を打倒したと記す。

その勇猛さで名高い小幡勢への織田軍の評価が読める。

小幡の頭領小幡上総介信貞は、上野国甘楽《かんら》郡国峰城主小幡憲重の嫡男で、彼の部隊は上州の赤武者として知られ、五百騎の動員力を持っていた。『戦場考』に、小幡信貞の塚があると記されている。

小幡上総介信貞の墓、新間東弾正山中に古塚あり、是れなり。

設楽原歴史資料館建設で、信玄塚西側の竹林を伐採した折、古い塚の跡らしきものが見つかった。位置からみて、これが諸山のいう「小幡ゆかりの塚」ではないかと、『戦場考』の記録から平成九年にまもる会が小幡上総介信貞の塚を再建した。[注5]

ここで、「西上野小幡」の戦死は間違いないが、それが小幡家嫡男の信貞かどうかは説が分かれる。小幡氏の出身地である甘楽町「国峯小幡の会」では、信貞は後年の文禄元年に五十二歳の病死という。『寛政重修諸家譜』では、弟昌定が戦

死だという。『恵林寺雑本』では「討死…小幡備中貞員…小幡上総信貞」とある。どちらにしても、上州を遥か離れた設楽原の高台で西上野の小幡のリーダーは、その生涯を終えた。注6

内藤昌豊隊、三重柵を越す

碑の所在…天王山／八束穂字天王一〇四一

設楽原歴史資料館から道路を隔て北隣の天王山一番奥に内藤修理亮昌豊の碑がある。現在は大正三年碑だけであるが、以前は一石五輪風の古いものがあった。

内藤昌豊は武田の中央隊として、天王山に陣し、柳田前で六度戦ったといわれる。

『甲陽軍鑑』

・品14　中は内藤是も五手、何れも馬をば大将と役者と一備への中に七八人のり、残りはみな馬あとにひかせ…柵の木三重まであれば城せめのごとく…、大将ども尽鉄炮にあたり死する

・品52　滝川三千許を内藤修理衆千許にて柵の内へ追こみ申候

『小野田本』

・先陣ハ馬場美濃守…左ハ山縣三郎兵衛…中備ハ内藤修理也…

・内藤修理ハ千ノ人数…宮脇原ニテ討死、首ハ朝比奈弥太郎討取ル

『本多家武功聞書』（岡崎図書館蔵『（本多）忠勝公御武功其外聞書』による）

・勝頼公の人数…無二無三に攻かかり柵二重迄ハ何乃くもなくふみ破候

・内藤修理千五百乃人数にて三重め乃柵を乗こし、既に、廿人余押込来候処を、忠勝様御覧被成鑓を御取被成…

昌豊碑と並ぶ勝頼指揮の碑

ごく一部ではあるが、武田軍の内藤隊が「三重めの柵を乗こし」と徳川方が記録し、武田方が「(味方の)大将ども尽鉄炮にあたり死する」と認める激しい攻防であった。

天王山の内藤昌豊碑のすぐ手前に、甲州大和《やまと》村(現甲州市)の手で建てられた「勝頼公指揮の地」の碑がある。決戦当日、信長が観戦したという弾正山の物見塚と相対応する場所である。

横田備中、親子四人の討死

横田備中は、『信長公記』の討死十九人の武田武将の中で、「山縣三郎兵衛・西上野小幡」についで三番目に記されている。地元の墓誌でもある『戦場考』では「天王山の西南に…塚二つ…上手のもの横田備中守綱松之墓と野面石に刻み有之」と、下手の内藤修理亮昌豊の塚と並んでいるというが、これまでここには横田の塚はなかった。

平成十年、設楽原をまもる会がこれを再建したので、横田(備中)について二つの塚ができた。

・横田備中守綱松の碑……平成碑「天王山」…『戦場考』記述あり

コラム⑧

設楽原に殉じたわが先祖

土屋誠司（武田水軍の子孫、沼津市）

私たち土屋の祖「土屋豊前守」が長篠で戦没したことは承知していましたが、その先は皆目分かりませんでした。ところが、偶然見つけた本が『徹底検証：長篠・設楽原の戦い』でした。そこに、土屋豊前守貞綱公に関する記述がありました。

柳田の塚　「柳田郷与兵衛なるものの裏山に土饅頭三つ一列に並び…中は土屋備前守直規之墓と記し有之候」と、戦後三十三年目の古戦場の様子です。豊前守《ぶぜんのかみ》と備前守《びぜんのかみ》の違いについては、『甲陽軍鑑』にも「岡部忠兵衛…土屋備前になされ候」とあり同一人物です。（「岡部系土屋氏系図」参照）

私は早速現地に足を運び、合戦後四百余年にわたって陣没の武田将士の慰霊を続ける地元の人たちのことを知りました。土屋備前守直規の塚も、記述の場所に再建されていました。それは、勝頼本陣の「オノ神」の真下にあたり、織田軍の馬防柵方面を臨む高台の一角でした。

このことが機縁で、土屋の秘蔵品「貞綱公の旗指物『三《み》つ巴《どもえ》』」が、設楽原歴史資料館に特別出品されました。初めて外に出た場所が奇しくも討死の場所でした。

豊前守は水軍の将　土屋豊前は、今川の頃から、水軍の将であり、「兵船十二艘・同心五十騎」の海賊衆でした。なぜ、武田水軍の将がこの丘の戦いに参戦したのか謎であります。その不思議を、古戦場はどこかで覚えていると思うのです。

・横田十郎兵衛康景の碑…大正碑「有海」……『戦場考』記述なし

別人のようにも思われるが、次の①②から、康景・綱松は同一人物とみる。

①『寛政重修諸家譜』……「横田十郎兵衛綱松」

②『甲陽軍鑑・品52注』…「横田十郎兵衛…康景、綱松とも。横田備中守の嗣」

③『続柳陰』……………「有海村　横田甚右衛門塚ナドヘ近シ」

とすると、塚は「天王山」か？「有海」か？が改めて疑問になるが、『続柳陰』は「有海村　横田甚右衛門塚」と記している。次は寛政家譜の抜書きである。

●備中守綱松　年五十一
・彦十郎、十郎兵衛
・長篠役に戦死
　▲彦九郎…三方原で手負後討死
　●小才次…長篠役討死
　●小陸奥…兄とともに討死
　●源介…兄とともに討死
　尹松、童名玄、甚五郎、甚右衛門：子孫は幕末まで旗本

＊この他に女子二人がいる。

横田家では、五人の息子の内、長兄は三年前の三方原で亡くなり、続く三人はこの設楽原で父とともに討死している。四月はじめ、無事帰ることを信じて出陣を見送った横田備中の妻女の許には、秋になろうとするのに、四人は誰一人帰ることがなかった。

天王山の横田備中守の碑のすぐ後ろに、東郷地区の太平洋戦争戦没者の慰霊碑がある。その中にも、出征した兄弟三人が誰も帰ることができなかった家が四軒ある。武人の定めとはいえ戦場の悲し

みは天正も昭和も変わらない[注7]。

＊「甚右衛門」は横田の五人兄弟の末弟である。唯一自分の人生を全うした末弟が、その後、父や兄たちの碑を建てようとした経緯が「甚右衛門」の名を伝えたのであろうか。

3　丸山砦周辺の攻防

連吾川の北部戦線の地形も、竹広前・柳田前とは大きく異なっている。かんぼうの山裾独特の地形である。

(1)　馬場隊から真田（兄弟）隊へ

信長もその死を惜しんだという馬場美濃守は、六十二歳で設楽原北端の出沢で、戦場の露と消えた。生涯、多くの戦場をかけめぐりながらも、身に一創も受けなかったという武人の最後である。

・『信長公記』　五番馬場美濃守、推太鼓ニ而かかり来、人数を備、右同前に勢衆うたせ、引退也

・『甲陽軍鑑：品52』　馬場美濃守、七百の手にて佐久間右衛門六千斗を柵の内追こみ

地元の『長篠日記』は、『甲陽軍鑑』の内容に続けて

・手勢七百騎ヲ二手ニ分、荒手（新手）ニテ佐久間ガ旗ヲ立タル所へ掛、柵ノ内へ追込…。真田源

太左衛門・同兵部ハ馬場美濃守入替リ柵ヲ一重破ル。兄弟トモニ深手ヲ負討死也。

ここの「柵ヲ一重破ル」に対して、『武徳大成記』は「二ノ柵ヲ推ヤフル…真田源太左衛門・同兵部・土屋右衛門直村等三ノ柵ヲ斫破テ推入ル」と、武田軍の猛攻を記している。馬場隊から真田隊への攻めの「入替リ」に関連して、文斎の『設楽史要』は「（その後の）右翼軍に馬場隊を加えざりしは、特別任務なるがためか？」と書いている。特別任務とは何か、二つが考えられる。

①途中での、作戦の修正である。馬場信房は、佐久間隊を柵の内側へ追い込んだ段階で、鉄炮隊の威力と「待ち」の作戦を感じ取った。鉄炮から距離を置く手立てを必死に模索していた。

②もう一つは、万一の自軍敗走の場合、勝頼はじめより多くの武田将士を戦場から離脱させることである。「再起できる撤退」は、敗色の中にも次への希望がある。

馬場の評価と丸山周辺

『日本戦史―長篠役』の次の記述は①にあたる。

・馬場信春人ヲシテ…告ゲシメテ曰ク「予思フ所アリ暫ク此ニ駐止セントス。卿等（真田・土屋）前進シテ功ヲ立テヨ」

また、真田信綱・昌輝兄弟はじめ一族の塚が、宮脇から浅谷に抜ける台地の瀬戸に集まっているのは、馬場隊とともに真田隊が②の役目を果たそうとした結果であろうか。『信長公記』は、「馬場美濃守、手前之働無比類之由候」と「一万余討死也」の数字で設楽原決戦の記述をしめくくっている。

馬場への記述は、この評価以外「五番」の三十字だけである。「一番」の山縣とともに文字数は最少である。「手前之働無比類」は何を念頭に置いた言葉であろうか。

・一つは、鉄炮隊への対応と思われる。最初の佐久間隊との接触以降、「無二乗懸り」を避けている。これは鉄炮で待ち受ける連合軍にとって一番厄介な相手である。

・或いは、右翼軍として最初に出動し、なおかつ敗走のなかの殿戦を引き受けるなど、終始もっとも困難な役割をつとめたことであろうか。

戦火の中、時間と戦いながら懸命に次の手を探し続けた動きに、比類なき「手前之働」が見える。

(2) 大宮前の激戦を伝える塚と上州硯

設楽原に点在する数多くの塚の中で、武川衆米倉丹後の塚は、連合軍の布陣した連吾川右岸に入りこんでいる。塚は、米倉隊が連吾川を越えて織田軍とこのあたりで戦ったことを意味している。

連吾川を越えた「米倉重継」の塚

・「丹後守米倉子の墓は設楽郡富永《とみなが》庄大宮郷の地内岩倉山の東北端にて、連吾川の右岸へ半町許りの処に小さき野面石に米倉丹後守正継之墓とほり付有之」

右は諸山随筆の米倉の項の一部であるが、『戦場考』における米倉丹後

の記述は唯一長文で、他と比して格別な丁重さがある。「其石塔の居座りを直し…君逝き三十三年」等の用語である。同様に、甲州市塩山《えんざん》の恵林寺《えりんじ》裏手にある米倉丹後の墓碑も別格である。この別格な扱いは、米倉の謎である。

『戦場考』の記述から、平成九年に地元で丹後守の碑を再建した。この近くに、風化した古い一石五輪があり、何れも戦国の戦いゆかりのものと伝えるが、米倉とのかかわりは分からない。

米倉重継（正継とも宗継ともいう）は、甘利の同心頭として百騎を率いて名を上げたが、矢玉を避ける竹束の工夫など知略に長けた武田の勇将としても知られていた。この戦いでは、勝頼本陣の旗本勢とも、甘利衆の相備組ともいわれるが布陣を記すものはない。[注8]

『長篠日記』は、「西上野の小幡」につづけて「米倉丹後柵ヲ引破ラント相働、三州衆…間近く曳付鉄炮ヲ放掛シカハ甲州勢打立ラレテ引退」と記す。重継が、柵を破ろうとして連吾川右岸に入りこんで三州衆と戦ったとあるが、三州衆（徳川軍）の前面は武田左翼隊である。『戦場考』の「岩倉山の東北端」は武田右翼の前面で、「三州衆」では合わない。

川路の勝楽寺に「米倉丹後守宗継」「米倉彦次郎定継」と二つの霊牌が祀られている。一つは米倉重継であるが、「彦次郎定継」の場合、重継の嫡男に彦次郎の名があるが、永禄十二年薩埵《さった》峠の戦いで討死しており彼ではない。[注9]

上州産櫻川石の矢立硯の発見

丸山激戦地のすぐ近くの工事現場で、天正の戦いの物証が現れた。丁度五十年前の昭和三十九年春、連吾川の雲雀橋下流の堰堤工事の際、川堤の底から、青みがかった細長い形の小さな矢立硯がでてきた。縦一一六㎜、横二九㎜、厚さ一二㎜で、長年使用していたものらしく硯の丘の中央部分はかなりの凹みをみせていた。注10

＊矢立硯：武将が箙《えびら》の中などに入れて携帯した小さい硯箱。

その後、硯材が上州（群馬県）川場《かわば》村の「櫻川石」であることが硯刻家の先代名倉鳳山氏の調査によって判明した。土中深く埋もれていたので風化破損することなく、戦国当時の姿が保たれてきたのだという。出土場所・産出場所からみて、この戦いで柳田から名高田方面に布陣した上州武者の携行したものと推定される。

物言わぬ硯であるが、主を失った悲しみが伝わる。

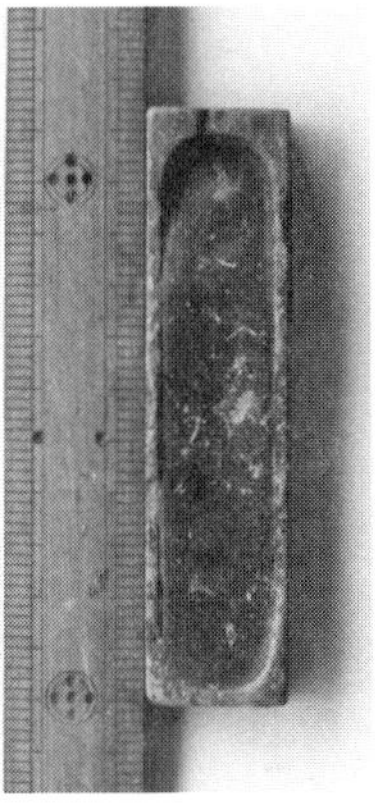

4　信玄塚の供養四百余年

戦火が止んで、避難先の小屋久保からもどってきた村人が目にしたのは、おびただしい屍《しかばね》であった。村人はなきがらを集め、二つの塚を築いた。往還沿いの高台にできた塚を、信長は「信玄塚」と命名したという。戦った相手は勝頼であったが、勝利を宣言する塚の名は「信玄」であった。

村では大小二つの塚の頂上に、小さな松を植えた。異国の地で最期をとげた無名戦士の魂の依代《よりしろ》として松の木を選んだ。その後、大塚を武田塚、小塚を味方塚とも呼んだりしたが、信玄塚の名は、やがてこの地域の村の名前「信玄塚町」となり、現在も「信玄」の地名が使われている。注11

竹広村の「火おんどり」供養

塚ができてまもなく、信玄塚周辺からたくさんの蜂が発生し、往還の通行ができないほどになった。村では塚の霊をなぐさめるため、勝楽寺の玄賀和尚に頼んで大施餓鬼会を営み、なきがらの数だけ松明をともして供養したところ、不思議にも蜂はおさまり静かな村にもどったという。「火おんどり」のはじまりである。

以来、四百三十余年、大松明で供養し続けてきたお盆の村行事である。

・**施餓鬼会**　〝松明〟に先立って、天正以来、勝楽寺住職によって行われる戦国陣没者の法要である。信玄塚に戦国陣没者の位牌を供えて村人が焼香礼拝をする。

・**火おんどり**　法要を終えて夜の帳が下りる午後九時、法被・鉢巻・注連縄姿に固めた村の男達が、自分で仕上げた大松明を振りかざして踊る火の祈りである。種火は旧庄屋に伝わる火打石でとり、どんな風雨でも止めることはない。

時代の流れは大きく移り変わってきたが、信玄塚の供養は四百余年変わることなく村行事として続けられてきた。松明の材料集めも次第に困難になってくる中で、村の心として受け継がれてきた。

心配もある。様変わりをはじめている世間の波は、表の聞こえはいいが、肝心なものを置き忘れて私たちの足元に押し寄せている。

○大松明（タイ）：乾かしたヨシ（葦）をスノコ（簀）に編んで、干したシダを包み込む。
・長さは二m余、縄で堅く閉め、太さは各家で決める。
○踊り手：連吾川で身を清め、火おんどり坂の上で種火をもらい、信玄塚に向かう。大塚小塚を三周する。
・囃子方の先導が終わり、乱調子の念仏踊りになる。
・南無阿弥陀仏を唱えながら、タイを袈裟十字に振って踊る。

領主「設楽家」による供養

天正当時から江戸時代を通じて、古戦場一帯は地元の豪族設楽氏の支配地であった。家康の関東移封以後、江戸住まいの旗本であったが、代々の領主は陣屋を通して信玄塚の供養を続けていた。

承応二年（一六五三）・設楽貞政、大松の根元に供養塔建立（現存）
・塚の前に福来寺を建立（現在、遺構はない）
宝暦七年（一七五七）・設楽貞根、信玄塚に閻魔堂と石仏を建立（現存）

・大塚に地蔵菩薩石像を、小塚に観音菩薩石像を建立（現存）

甲州人による供養

・昭和十三年（一九三八）……山梨県有志が「戦没将士慰霊塔」「宝篋印塔」を信玄塚へ建立
・昭和三十一年（一九五六）…山梨県韮崎市民有志により信玄塚等の分骨を新府城跡に納骨
・平成五年（一九九三）………山梨県大和村による「武田勝頼公指揮之地」碑の天王山建立

注1　ここの「あるみ原」は誤り、「家康公、弾正山へ打上」が正しい。コース④参照。
注2　『愛知県史：織豊』の史料「一一五六大須賀記」による。
注3　『長篠戦後四百年史』『設楽原の戦い物語』参照。写真は、石工鈴木八十八の子孫鈴木彰司氏による。
注4　『愛知県史：織豊』の史料一一六九による。内藤信成は徳川家康の異母弟ともいう。
注5　現在、地元に「東弾正山」の呼称はない。弾正山の東の意味で、信玄塚付近の台地とみる。
注6　『信長公記』の討死の中に「西上野小幡」。『乾徳山恵林寺雑本』の「長篠合戦討死交文」による。
注7　新城市遺族会編『英霊顕彰録』（昭五六）による。
注8　天文二一年、信州苅屋原の戦いで「竹束」の盾で敵之攻撃を防いだ。『甲陽軍鑑：品12』による。
注9　『寛政重修諸家譜』による。『設楽原戦史考』に、甘利の相備として「米倉宗徳・米倉定継」の名がある。
注10　硯は、新城市長篠城史跡保存館で展示。
注11　慶安の頃の開村。はじめ、下柳町・信玄塚町、元禄期には単に「信玄」、その後「新間」とも書かれた。

コース⑨

甲田から甲州へ

大将も兵士も馬も、ひたすら南信濃から甲州をめざした。

1 武田軍、脱出への道
2 真田兄弟塚から馬場塚へ
3 滝川沿いに甲州へ

海野　保[注a]、豊田武安、原田一

1　武田軍、脱出への道

思いもかけない大敗北をかみしめながら設楽原を脱出した勝頼の書状が二通残っている。

・十日後の上野介他宛では……「先衆（武田方）二三手雖失利候、無指義候」[注1]

・三か月後の岡修理亮宛では…「（信長…陣城を構え）当手之先衆、聊か失利候」

どちらも、開戦後まもなく武田軍の劣勢が始まったという。武田軍にとって「前半は勝利」であり、連合軍にとっては「それは作戦」であったという両軍衝突の様子を、双方の文献からみる。

『信長公記』…[a]推太鼓を打て懸り来…こなたハ身隠をして、[b]鉄炮にて待請うたせられ

『甲陽軍鑑』…[a]一戦には武田方勝申候…かかつて[b]柵を一重やぶるとて大方は討死仕候（品52）

a部分は、武田軍の攻撃で引下る連合軍の姿を述べ、b部分は、連合軍の攻勢を記している。

『信長公記』が「鉄炮」を記し、『甲陽軍鑑：品14』も「大将ども尽鉄炮にあたり」と、鉄炮による敗戦を記している。この双方が認めた鉄炮の威力・成果が、武田軍劣勢の背景である。

こうして敗色濃厚になっていく何時の時点で、武田軍の戦場脱出がはじまったのかは分からないが、『信長公記』は「次第次第に無人に成て、何れも武田四郎旗元へ馳集…」と記している。

宮脇の「甲田」

武田戦地本陣のオノ神から三町程東の五反田川にかけられた「甲田橋」がある。読みは「こうで

ん」橋であるが、その昔水田に立派な甲（かぶと）が落ちていたので、「かぶと田」の意味だという。
「清井田村　長篠合戦落足ニ、初鹿伝右衛門カ武田家ノ重代諏訪法性ノ甲ヲ捨シ処也。甲田ト云アリ」（『続柳陰』による。ここの「清井田村」は誤り、宮脇村である）
「閘ケ敷ニヨリ此甲ヲ捨ル　甲田トテ今ニ云　小山田弥助是ヲ見テ…取テ戻ル」（『長篠日記』）
実際には、勝頼の従者が主の甲を捨てたとは考えにくい。才ノ神方面から何とか逃れてきた者にとってここは戦線脱出の正念場、重荷となった甲などを手放す者がいたかもしれない。身軽くして追撃軍の視線から遠ざかろうとしたに違いない。本当に近くの田の横から出てきたという越中頭形（えっちゅうずなり）の甲が一点、設楽原歴史資料館に展示されている。

2　真田兄弟塚から馬場塚へ

苦難の退路

連吾川戦線から次々に脱出して来る武田の将兵が、甲州を目指す道のりは険しい。

第一の苦難は、連合軍の追撃である。どの道筋がより安全といえるか、絶えず決断を迫られる。背後の東方面は長篠城と鳶ヶ巣急襲隊が待ち構え、南側は大川（豊川）の断崖である。退路は一つ。

①五反田川を上流に向かい…〈下々〉→甲田→宮脇→浅谷→出沢→滝川
②滝川（豊川）を北上し…奥三河から伊那路（南信州）をめざす[注2]

馬場信房、真田兄弟はじめ名だたる武将たちの最後の奮戦地がこの道筋であったことを、彼らの塚が教えている。武田軍の戦場脱出は、彼らの奮戦の上に成り立ったのである。

第二は、小さくとも部隊としての最小限の機能が保持できるかどうかである。戦勝側の追撃とは別に途中の土豪の襲撃を避ける必要がある。戦場で仲間の多くを失い、指揮官を失ったものにとって、異国のわき道をたどる敗走は、「折あらば!」と機会をうかがう土豪たちの庭先なのである。

コース⑦の望月義勝の場合は、この帰郷途中の討死である。『熊谷家伝記』が記している。[注3]

天正三年五月廿二日、長篠敗軍武田方の侍…百姓に被害。此侍指物懐中入有之を見るに…然は望月氏の人なり。…「我は信濃の者なれば…」手負ながら自身腹を切りたり…云々。

真田一族奮戦のあと

真田兄弟の塚は、才ノ神から甲田へ下り川沿いに四〇〇m北上した宮脇村の三子山《みこやま》墓にある。

・慶長の記録:「川石にそれぞれ真田源太左衛門尉信綱、真田兵部丞昌輝と彫り付け」

・大正顕彰会:「高さ五尺の根府川石の両面」に、兄弟の名を隣り合わせに刻んでいる

ここは、信玄台地の北端で田畑の広がる五反田川の河岸段丘が急に細くなって山が迫り、浅谷に抜ける山の瀬戸である。北に向かう武田兵士にとって、追手をさえぎるには格好の防御地形である。

真田信綱・真田昌輝兄弟が、同族の禰津甚平是広・常田図書春清・鎌原筑前守之綱らとともにここ三子山の山裾に葬られてきたところをみると、互いに助け合いながらこの防御地点を守り、主君勝頼

をはじめ多くの仲間の脱出を支えたうえでの討死であろう。

三子山の西側に、須長字松葉の二つ池の脇を抜ける旧道が今も赤道として残っている。三子山墓地は、才ノ神から台地の東端を通って浅谷へ抜ける道筋にあり、須長道とぶつかるところに位置している。一族は、これらの道を通って山の瀬戸に集結したのであろう。

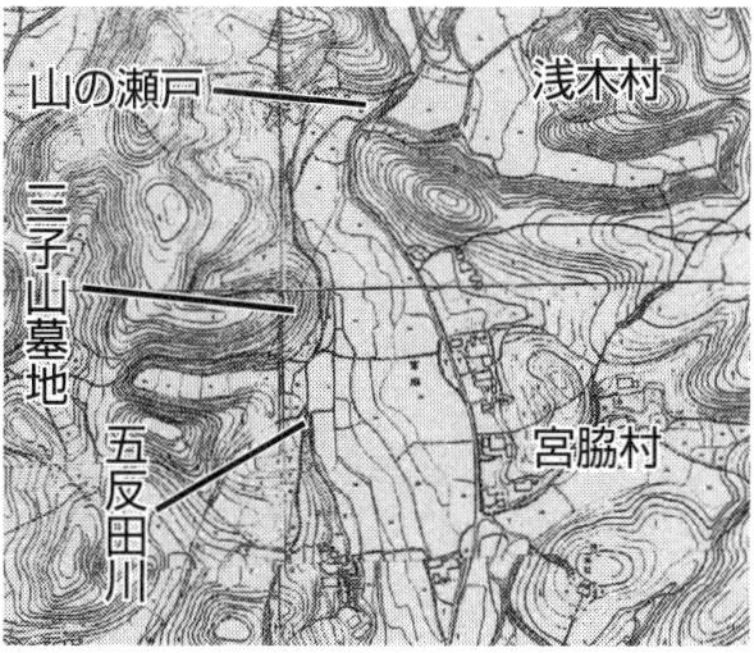

白川兄弟

その知略と勇猛で戦国に知られる真田一族の中にあって、武勇抜群の眞田信綱の人柄を偲ばせる逸話が、設楽原と信州真田の菩提寺「大柏山打越寺」をつないでいる。白川兄弟の殉死である。

信綱と桜の古木

首のない信綱の遺体を馬の背にくくりつけて、ひそかに郷里の真田へ運んだのは北沢最蔵・白川勘解由の兄弟だという。二人が、真田郷の門をたたいたのは、早くても数日後である。住職に合戦の様子と亡き主の無念の討死を伝えると、手厚い供養を頼み、寺の裏山に埋葬した。翌朝、住職が埋葬の場所に来てみると、兄弟は墓の前で自刃をしていた。

主を討死させては生きることのできなかった二人に、激しく心をゆさぶられた住職は、二人の殉死の碑を建て、桜の若木を植えた。それが、今の桜の古木である。注4

信綱を埋葬した真田の打越寺は、その後、戦死した兄弟の弟昌幸が信綱寺と名を改め、当時の血染めの陣羽織、鎧の胴丸、旗指物等が残されている。

兄と五つ違いの次弟・兵部丞昌輝も同じ右翼で戦ったが、宮脇方面への退却中兄を見失い、取って返そうとして戦死したという。昌輝の子孫は、その後越前松平家に仕え、次の時代を生き抜いた。

彼らの弟昌幸の次男が、戦国最後の名将といわれる真田幸村である。

名将馬場信房の塚

信房の塚は、大海から豊川右岸を北へ進み、須長方面から来る県道との交差点「銭亀《ぜにがめ》」の道路脇にある。連吾川戦線の北端へは徒歩三十分ほどの所である。武田を支えてきた譜代の武将の多くが信玄台地周辺で討死しているが、馬場信房は一人、戦線から最も離れた滝川右岸の出沢の討死である。

馬場隊は、開戦と同時に織田の佐久間隊と激しくぶつかり、攻撃を真田隊と代わると、信房はそのまま勝頼本陣に向かい、戦場からの引揚げを進言した。鉄炮の前に消耗戦を強いられており、味方の総崩れが起こる前に、少しでも戦力を残して退却を計ろうとしたのであろう。

信綱寺の黒門

実際には、時遅く、第一線の有力武将の多くが討死し混乱の中での引揚げとなった。馬場隊は出沢から滝川右岸への出口に殿戦ラインを張り、勝頼本隊が滝川を北へ目指すのを見届けると、押し寄せる追撃軍の中へ再度身を投じ、敵の若者に首を与えたという。若者に二人の名が伝えられている。

・『続柳陰』　：「馬場ヲバ河井三十郎討取ト云トモ」
・『武家雲箋』：「今度於長篠表、武田一家一戦之砌、馬場美濃守討捕之事、
　無比類働也、為褒美…」（信長の岡三郎左衛門宛文書）注5

六十二歳の信房の最期を聞いた信長は「馬場美濃守手前之働き比類なし」と称えたと、『信長公記』は伝える。信房を高く評価したのは、討死の地元出沢村の人たちも同じである。毎年盆の施餓鬼供養に「美濃守さま祭り」*を行っている。

＊『設楽原の戦い物語』の「美濃守さま祭り」参照。

3　滝川沿いに甲州へ

連吾川戦線から五反田川筋を経て滝川沿いの出沢へ逃れでた武田兵にとって、滝川の渡河は第二の分かれ道であった。背後に連合軍の追撃、対岸は敵の勢力圏に近い。

『続柳陰』：「近キ比マデ一ツ橋也。甲州勢退口ニ、此橋ニテ凡二三千人、水ニオボルル」
『小野田本』：「岩代川ノ上…道路ヨリセキ落サレ岩ニクダカレ水ニヲボレ死スル者数ヲ不知」

と、敗軍の大混乱が記されている。一方、右岸沿いに上流を目指したものも多かった。わずかな人数で引揚げた勝頼一行も、渡らずに上流の小松ヵ瀬（新城市只持）を目指したと地元は伝える。

滝川を前にした大将の馬

昔から「敗走する大将の馬は足が重い」（『甲陽軍鑑・品52』）というが、設楽原を離れた勝頼の馬も、滝川で動きが止まった。追手を前に策に窮した旗本の笠井肥後守満秀は、自分の馬に主君を押し上げると、祈る気持ちで愛馬に出発の鞭を当てた。一行が川上に向かって見えなくなると、笠井は残った部下とともに追撃の敵を迎えた。此のときの相手が地元出沢の郷士瀧川源右衛門助義という。ともに劣らぬ剛の両者は相討ちとなって倒れた。わずかに息のあった助義は自邸に運ばれたが、翌朝息を引き取った。『瀧川家傳記』によれば、戦後信長の感状を受けた。

一方、重傷の身で対岸に渡った笠井満秀は追分《おいわけ》の分垂《ぶんだれ》まで来て果てた。そこに一石五輪が祀られていたというが、今は所在不明。主を失った馬の話が伝えられている。笠井が生命と引換えた戦功は、時を経て子孫が彦根藩からうけたという。

追分の「轡淵」　分垂川（追分で滝川に注ぐ音為川）を少しさかのぼった所に小さな淵がある。その淵から、夜になると「轡の音」が聞こえるという。主人を失った馬が淵に落ち、もがきながら轡を鳴らし、主に助けを求めているのだと…　＊轡：馬の口に含ませ、手綱をつける金具

コラム⑨

設楽原と韮崎《にらさき》

山本友雄（武田の里にらさき旧温の会）

私が初めて設楽原を訪ねたのは、平成9年8月の火おんどりである。その時一番驚いたのは古戦場のあちこちに点在している戦国の武田将士の塚であり、よくぞ四百余年、大切に守ってきてくださったという一念であった。供養の火おんどりは、戦いの年以来一度も中断したことがないという。

村の中の戦国塚　恐らく、塚のいくつかは土地の方がとりあえず祀って下さったものであろうし、いくつかは戦後武田の縁者がたてられたものであろう。しかし、墓標はいつか朽ちる時が来るし、暮らしの中で事柄が埋もれていく時が来る。それが、どの塚もほんの少し前のことのように村の風景の中に溶け込んでいるではないか、私にはこのことが驚異であり、教えられること一しきり。

それ以降、設楽原決戦場まつりの戦国供養に仲間を募って通い、勝楽寺の武田陣没将士の位牌にもお参りしている。

その縁で武田八幡宮の宝物・奉納願文〔天正十年二月十九日付け勝頼公夫人祈願文〕が設楽原歴史資料館で特別展示された。新府城《しんぷじょう》の本丸横には、昭和三十一年三月に設楽原から蒐集された分骨土が埋葬されている。当時韮崎で孤軍奮闘された渡辺重栄氏は故人になられたが、改めて設楽原と新府城・韮崎を結ぶ歴史の糸を大切にしたいと思う。（写真：浅谷の樋口兼周の塚）

勝頼一行の選んだ道

才ノ神本陣から、滝川（豊川）へ逃れた勝頼主従の戦場脱出は、真田一族・馬場隊はじめ多くの武田将兵の苦闘の上に開かれたが、滝川をさかのぼる敗走の道も又新たな苦難の待つ道である。強大な武力の影を失った一行には、敗北情報の先回りは何よりも危険である。退路について、三説がある。

①小吹《こぶき》の山道を布里《ふり》へ…横川発電所脇を流れる支流の小吹川沿いに山中を抜ける道

②川沿いに椎平を経て布里へ…発電所側の右岸をさかのぼる。只持《ただもち》の加藤淳氏の話[注6]

③滝川を渡り、左岸を布里へ…滝川のどこを渡ったのかはっきりしない。当時橋はない。

小松カ瀬で川を渡った後の布里から先は、おっぽう沢の久保から峠へ出て、山中の道を進んだといわれる。一行の中に田峯城主の菅沼刑部定忠がいたが、家臣の裏切りで城主が城に入れなかった。心配していた「武田、敗れる」の情報は、一行の到着前に田峯城にとどいていたのである。[注7]

田峯→武節→駒場（南信州）

四年前、秋山虎繁の誘いで武田方となった田峰城の菅沼定忠は、叔父定直を留守居役に長篠に出兵した。敗戦で勝頼と共に帰還した城主一行を、留守部隊は拒絶した。定忠らはやむを得ず尾根伝いに段戸《だんど》山系を越えて、配下の武節城で梅酢湯の休息をとった。ここから夏焼《なつやけ》を経て信州に入った。

早馬で異変を知った高坂弾正昌信は、八里先の駒場（長野県下伊那郡阿智村）まで八千の手勢を率いて敗軍の将を出迎えていた。お蔭で勝頼一行は国主の体面を損なうことなく甲府へ戻った。

敗軍の大将の戦場離脱は難しい。勝頼の場合、田峯城には入れなかったが、地元城主菅沼定忠の同行は心強かったと思われる。布里小松で、滝川を渡る前に食事をしたときの「勝頼公―逆さ桑」の伝説」は、何を伝えているのだろうか。[注8]

注1　・上野介他宛の書状は、六月朔日付。『愛知県史：織豊』（一一〇五）、『徹底検証：五章―第25』参照。
注2　・岡修理亮宛の書状は、八月十日付。『真田家文書下巻：二の九』（米山一政編）による。
注3　滝川上流の田口で道は二つになる。津具道と武節道である。おおくは津具道を取ったと思われる。
注4　・『熊谷家伝記』：三遠信国境の熊谷家の代々当主の記録（中世から一七七一年まで）。山崎一司本による。
注5　・設楽町清崎の「男松の落人様」伝説（『北設楽郡史―民族資料編』）も敗走の悲劇の一つである。
注6　『武田二十四将伝』（坂本徳一）、『歴史読本：昭50・6』（清水憲雄稿）、「真田宝物館資料」等による。
注7　前後の信長書状に「今度於長篠表」の表記はない。要検討の文書。『徹底検証：五章―第31』参照。
　　『設楽原の戦い物語』の「加藤翁〝小松カ瀬〟を語る」、『設楽原戦場考』「ふぢゅうの道」引用・参照。
　　・『北設楽郡史‐中世』田峰菅沼の項による。当時二十代前半の定忠の若さが、武田・徳川の駆け引きに乗ぜられた時期であったが、同時に、父を自害に追込んだ叔父定直や異見を持つ老臣の影が感じられる。
　　・翌四年七月十四日、ひそかに田峰に引き返した定忠は入城を拒絶した叔父定直と家老一族を討った。
注8　布里小松の竹本仙作さん裏庭での伝承。食事に使った箸を畑の隅に差して出かけたが、やがて根づき、普通とは違う「逆さ桑」になったという。
注a　海野保氏は平成二十六年三月没。

武田軍脱出の道

戦国ウォーク・コースガイド

連吾川戦線から滝川・田峯方面への離脱の道：三コース　＊起点・設楽原歴史資料館

オノ神→滝川コース（市道・県社線を利用する）

資料館→連吾川→名高田交差点右折→藤谷の峠（須長・宮脇の間）・オノ神→甲田→真田一族塚→浅谷→銭亀「馬場塚」→銭亀交差点左折→滝川→旧寒狭橋→追分の辻

三子山越→滝川コース（信玄台地北部の旧道を越える）

資料館→連吾川→馬防柵北限の須長公民館（右折して旧道へ）→二つ池経由→三子山・真田一族塚→浅谷・樋口兼周の塚→出沢本村・竜泉寺の笠井の墓へ→（竜泉寺）→旧道ふじゅう道越え→滝川→笠井討死の地

連吾川→滝川→武節コース（車で県道・国道二五七を）

資料館→連吾川→須長交差点右折→銭亀「馬場塚」→銭亀交差点左折→国道二五七を北上→長良交差点左直進→布里経由→田峯・田峯城（再建）→田口（設楽町）→（名倉経由で）武節城（現豊田市武節町城山）→南信州へ

コース⑩

設楽原出土——十七個の鉄炮玉

四百余年の時を経て、戦国の火縄銃の玉が顔を出す。

1　古戦場の出土玉
2　出土玉の分析

中島清、内藤彰、小林芳春／協力：早野浩二

写真提供：愛知県埋蔵文化財センター

1　古戦場の出土玉

「設楽原の決戦」は鉄炮の戦いといわれるが、そこで使用された鉄炮は見つかっていない。[注1]当時の火縄銃はないが、その時使われたと思われる銃丸が、古戦場の設楽原でこれまでに十七個見つかっている。この発見された玉と連吾川位置関係は左図のようになっている。

連合軍後方陣地（大宮川西）で三個（地図の左枠外で発見）、連合軍前線（連吾川西低地）で三個、連合軍前線を見下ろす石座山で五個、武田軍側（連吾川東低地一、高台五）で六個。

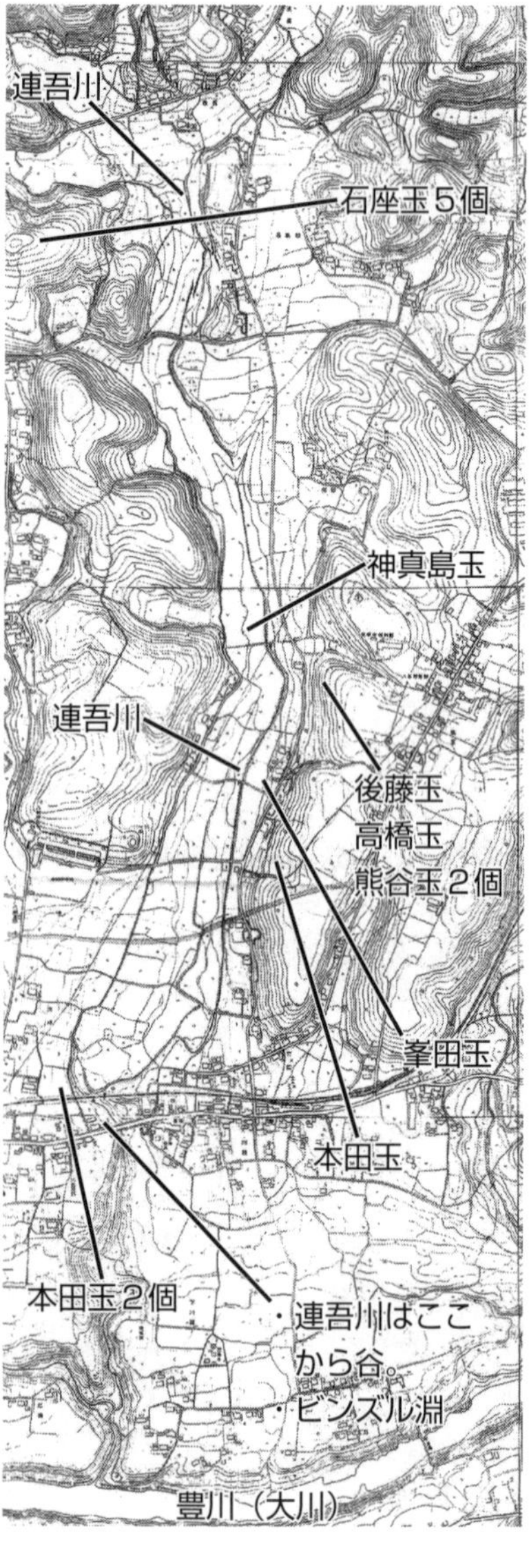

(1)　出土の記録

設楽原で最初に発見された現存する火縄銃の玉は、昭和三十七年の本田寿儀氏の二個である。なお、十七個の報告中、『徹底検証　長篠・設楽原の戦い』（吉川弘文館、二〇〇三年）に記録した八件（十一個）の概略は左のようである。

＊左岸・右岸は連吾川、外寸は長径で単位mm、重量単位はg、所在は設楽原歴史資料館、長篠城址史跡保存館

No.	玉名	発見年	外寸	重量	発見状況	発見場所	発見者（敬称略）	現所在
①	峯田玉	大10	不明	不明		左岸30m、畑	峯田重造（小学生）	紛失
②	本田1	昭37	9・8	5・1	つぶれた白い玉	右岸横の畑	本田寿儀	保存館
③	本田2	昭37	14・2	7・5	いびつな赤茶玉	同	同	保存館
④	本田3	平3	11・2	8・0	へこんだ白い玉	左岸台地の上、畑	同	資料館
⑤	山田1	平4	12・5	9・7	白く風化	大宮川右岸、遺跡横	山田浅二郎家族	資料館
⑥	山田2	平4	11・2	6・2	穴二つ、白い玉	同	同	資料館
⑦	山田3	平4	不明	不明		同	同	紛失
⑧	後藤玉	平8	14・9	17・5	ゆがんだ白い玉	左岸台地上、林地境	後藤静香（小学生）	資料館
⑨	熊谷1	平9	11・1	7・3	小穴、白い玉	左岸台地上、林地境	熊谷昇吾	資料館
⑩	高橋玉	平12	10・8	6・7	凹み多、白い玉	左岸台地上、林地境	高橋　梓	資料館
⑪	熊谷2	平13	9・5	5・1	激しい風化	左岸台地上、林地境	熊谷昇吾	資料館

『徹底検証　長篠・設楽原の戦い』発刊後の出土は、次の二件（六個）である。

〔記録9〕「神真島玉」　現在：設楽原歴史資料館保管

①発見日時：平成15年8月4日／遊びで鉄炮玉探しをしていた

②出土品　：白い玉一個（二㎜程欠けており、凹んだ傷みも多く風化も激しい）注2

・玉　［外寸］（長径）一二・四㎜、（短径）一〇・二㎜　［重さ］九・〇g　［比重］推定値一〇・三

③発見場所：連吾川右岸、柳田橋近くの農道

④発見者　：神谷光希、真田晃次、島田直紀の各氏（東郷西小児童）

〔記録10〕「石座玉」五個　現在：愛知県埋蔵文化財調査センター保管注3

①出土玉と期日、場所：

・石座8A玉［外寸］一一・九㎜［重さ］九・四g［場所］丘陵東斜面［期日］平成20・11・4

・石座8B玉［外寸］一二・〇㎜［重さ］九・一g［場所］丘陵北斜面［期日］平成21・1・7

・石座9B玉［外寸］一一・九㎜［重さ］八・〇g［場所］丘陵北西端［期日］平成22・2・2

・石座10A玉［外寸］一一・六㎜［重さ］九・一g［場所］残土置場［期日］平成23・2・1

・石座10B玉［外寸］一一・二㎜［重さ］六・六g［場所］地山頂上［期日］平成23・2・22

②発見場所：連吾川右岸の弾正山丘陵の北端、石座山周辺（設楽原古戦場北部）

③発見者：石座山遺跡調査の発掘作業者（石座山遺跡調査会）

④発見時の状況：東斜面上部の表土掘削作業中と腐植土の除去作業中に

(2) 出土十七個の意味

十七個の内、二個は所在不明、一個は錆具合から鉄玉。十四個が白い風化の様子から鉛玉と推定。設楽原決戦以後、この地での鉄炮使用の戦いの伝承はない。一方、猟銃用の玉の可能性はあるが、貞享四年の諸国鉄炮改め（幕府令）前後をはじめ、猟師鉄炮に関する資料は極めて少ない。安永五年（一七七六）設楽六か村の領主設楽弾正から猪・鹿よけの工事文書が出沢村にでており、威し銃よりもまず猪垣である。これらから、銃使用の可能性は極めて小さいと考えている。[注4]

玉数はわずかだが、出土場所は、「連吾川沿い」という決戦の場所を裏付けるように並んでいる。

・武田軍布陣地でも、最激戦地一帯での出土が目立っている。

・本田玉①発見地以南は谷が深く、玉も出土していない。

玉の発見場所は

十七個の内、八個は織田軍後方陣地で、三個は連合軍前線。六個が武田軍側での発見で、その内四個は歴史資料館のすぐ西側で出土している。わずか二十坪たらずのところである。ここは信玄台地高台の西端で、ここから下り斜面が始まる。斜面は

潅木等が生い茂り、下段の畑地との境目まで続く。

・以前は草地であるが、整地作業で表面の腐葉土が削られ、昔の地表が出てきたと思われる。

・連合軍布陣地と離れているが、所荘吉氏は「発射角を勘案すると不自然ではない」という。注5

野戦の玉の行方

城跡と違い、山野での行方は起伏や繁み・腐葉土のために見当のつけようがない探しにくさがある。

①玉の白さ…長い時間経過の中で鉛玉は腐蝕で真っ白く、ちょっと見には、白い石ころである。

②下層への沈下…田畑の場合、耕作表土の攪拌で比重の重い玉は下層に沈んでいく。

発見された玉は、すべて強い関心と、玉が表土面近くに浮上するという特別な条件の結果である。

四発の発見率で見ると

資料館裏庭の発見率を、単純に武田軍布陣地全域に適用すると、南北二千m、・幅一〇〇m程として二〇万㎡の範囲になる。このうち衝突面は五分の一程度として、二〇坪で四個の発見結果を使うと、粗い推計であるが二千四百個になる。注6

石座８Ａ玉掘削作業中

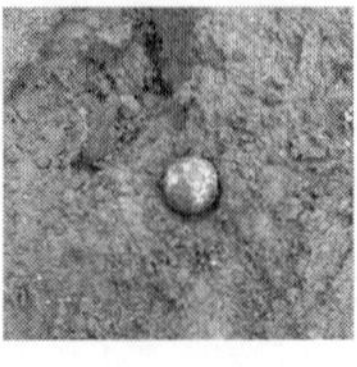

石座８Ｂ玉
腐植土除去後

玉径から該当火縄銃を推定

発見されて現存する十四個について、その玉を使用した鉄炮の口径がどれくらいか玉の外寸から推測を試みた。

・鉛は自然環境における耐食性が強いとされるが、発見玉はすべて白い粉で覆われ、布面で転がすと白い粉が付着する。表面の腐食がすすんでいるが、それが玉径に対してどの程度かは分からない。

・外観からは原型を保持している。

ここで、玉の腐食分を仮に表面一〜一・五㎜程度（両面で二〜三㎜）として玉径を補正した。この補正玉径に、火縄銃の筒内における玉径と口径の差（隙間）を平均で〇・三㎜として加えると、使用筒の口径がでる。

この口径から「火縄銃口径早見表」で使用銃を推定すると、多くが四〜六匁筒になる。一挺だけ九匁筒に近いが、十匁以上はない。

下表は、推定結果の一覧である。

玉の外寸 ※単位㎜	表面1㎜ 腐食時の 元の玉径	表面1.5㎜ 腐食時の 元の玉径	使用銃の推定 (匁筒) ①表面1㎜腐食時 ②表面1.5㎜腐食時
9.5 9.8 10.8	11.5 11.8 12.8	12.5 12.8 13.8	① 2.5 〜 3.5 匁筒 ② 3 〜 4 匁筒
11.1 11.2 11.2 11.2 11.6	13.1 13.2 13.2 13.2 13.6	14.1 14.2 14.2 14.2 14.6	① 3.5 〜 4 匁筒 ② 4.5 〜 5 匁筒
11.9 11.9 12.0 12.4 12.5	13.9 13.9 14.0 14.4 14.5	14.9 14.9 15.0 15.4 15.5	① 4.5 〜 5 匁筒 ② 5.5 〜 6 匁筒
14.9	16.9	17.9	① 8 匁筒 ② 9 匁筒

＊「火縄銃口径早見表」：『設楽原紀要：6号』の「火縄銃―口径と玉の関係」（湯浅大司）によった。

2 出土玉の分析

設楽原・長篠城から出土した鉄炮玉の内、まず十三個について鉛の産地特定のため、鉛同位体比測定を行った。その経緯、測定対象の玉は次の通りである。

測定依頼の経緯

平成十八年四月八日（土）の銃砲史学会例会の折に、会員の佐々木稔氏*が、「鉄炮玉について、鉛同位体比測定をしたらどうか？」と、小林に別府大学の平尾良光教授を紹介して下さった。

＊佐々木稔氏：『火縄銃の伝来と技術』（吉川弘文館）等の編者で、平成二十二年八月に急逝された。

二十一年六月四日、別府大の平尾教授に測定をお願いし、二十三年四月の設楽原をまもる会総会で平尾教授の特別講演として報告をいただいた。

鉛同位体比測定：鉛には同位体が四種ある。鉛二〇四、二〇六、二〇七、二〇八。これら四種の同位体の量比を計って、原料の鉛の産地等を推定する。
参考文献：『文化財を探る科学の目③』平尾良光他、一九九八、国土社

コラム⑩

火縄銃を打つ！

湯浅大司（設楽原歴史資料館学芸員）

火縄銃を打つには、まず銃口から早合《はやごう》に入った火薬を入れる。その量は口径によって変わるが、スプーン一杯程度と意外に少ない。次に玉を入れ、カルカ（玉杖）で突き固める。火縄銃を持ち上げ、火皿に口火薬を盛り、火蓋を閉じる。火縄を火挟に取り付け、火縄銃を頬に当てて構える。火蓋を開け、引金を引くことによって火縄銃を打つ。

火縄銃を打つと大きな音がするが、放ち手は耳栓をしていない。音は銃口から前へと広がっていくので、放ち手は意外に大きな音は聞こえてこない。その反動も意外に少ない。これが火縄銃の命中率の良さにつながっている。　＊早合：一発分の火薬と玉をパックにしたもの

火縄銃は、その使用する玉、つまり銃の口径によって三種類に分けられる。

・小筒／三匁五分玉を中心とした銃。命中率の良さを追求したものであろう。〔口径13㎜前後〕

・中筒／一〇匁玉を中心にした銃で士筒ともいう。扱いやすさを追求したもの。〔口径18㎜前後〕

・大筒／三〇匁玉以上の火縄銃。〔口径27㎜以上〕

また、火縄銃はその生産地の名をとって堺筒《さかいづつ》（大阪）、国友筒《くにともづつ》（滋賀）、日野筒《ひのづつ》（滋賀）などとも呼ばれている。

(1)　分析対象玉とその化学組成

測定対象の鉄炮玉

○設楽原古戦場での発見玉五個（第一次測定分）

・設楽原出土玉の内、できるだけ発見場所の異なるもの。データは「銃砲史研究」第三五四号（『設楽原の鉛玉とその周辺』）と『徹底検証―長篠・設楽原の戦い』（吉川弘文館）で報告したものである。

○長篠城跡発掘調査での出土玉八個

・長篠城出土玉は、一九九九年から二〇〇三年にかけて行われた五回の長篠城跡試掘調査の中で採集されたもので、資料は「長篠城跡第1次～第5次試掘調査報告書」（鳳来町教育委員会）によった。玉の多くは、城側の備え玉と思われる。

＊玉の外寸は長径と短径を計測したが、ここでは長径のみ記載した。また、№6～13の玉の外寸と重量は小林の再計測によった。

玉№	出土地	出土位置	外	量（g）	形状・色・連吾川	備考
1	設楽原	本田玉 3	11.2	8.0	削れた凹み・白・左岸	1991.12.2
2	設楽原	山田玉 1	12.5	9.7	凸凹傷・白・右岸	1992.1.26
3	設楽原	後藤玉	14.9	17.5	ゆがみ・黄・左岸	1996.8.1
4	設楽原	熊谷玉 1	11.1	7.3	小穴凸凹・白・左岸	1997.11.18
5	設楽原	神真島玉	12.4	9.0	2㎜欠け・白・右岸	2003.8.4
6	長篠城	1次V	16.4	10.5	変形大・青黒	30図-15
7	長篠城	2次C	12.0	7.5	所々が白・一部白	27図-5
8	長篠城	2次E	11.5	6.9	平たくつぶれ・白	27図-6
9	長篠城	2次E	12.0	7.2	つぶれ・ほぼ白	17図-11
10	長篠城	3次E	14.2	8.7	変形大・全面白	21図-20
11	長篠城	4次D～V	13.2	7.0	所々が白・ほぼ白	14図-18
12	長篠城	4次D～V	12.4	7.8	凹み、十字線・白	14図-19
13	長篠城	不明	12.4	7.9	つぶれ・白	

出土玉の化学組成

私たちは出土の際の「白い」か否かが鉛のとりあえずの目安としているが、下表は玉の化学組成である。

・玉6と11を除き、玉の大半は98％以上の純度の高い鉛玉であった。

・青黒い玉6は純銅製。長篠城跡調査では銅玉が五個出土（二十一個中）している。注7

・玉11は、鉛と錫が半々でいわゆる「はんだ（半田）」である。

(2)　出土玉の「鉛同位体比」

次頁の表は、十三個の出土玉について平尾研究室の鉛同位体比の測定結果である。

まず、同位体比の数値の近似傾向をみる。

考察1

下表の各数値のいくつかは数値が極めて近い。その近似

＊0.04％以下　＊＊99％以上

玉No.	鉛(pb)	錫(Sn)	銅(Cu)	ヒ素(As)	銀(Ag)	分析番号
1	98	1.4	-	0.2	0.0*	BP5303
2	98	1.3	-	0.1	0.0*	BP5304
3	98	1.4	-	0.1	0.0*	BP5305
4	99**	-	-	0.2	0.1	BP5306
5	99**	1.2	-	0.1	0.0*	BP5307
6	0.0*	-	99**	-	0.7	BP5308
7	98	2.0	0.1	0.2	-	BP5309
8	99**	-	-	0.1	0.1	BP5310
9	98	1.3	-	0.2	0.4	BP5311
10	98	1.4	-	-	0.4	BP5312
11	46	53	0.6	0.1	0.1	BP5313
12	99**	-	-	0.1	-	BP5314
13	99**	-	-	0.2	-	BP5315

性を見るために、同位体比数値の近似率（仮称）を算出してみた。[注8]

①〔二〇六／二〇四の場合〕

玉1を基準に玉n／玉1を算出すると

玉No.	近似率
1	1
2	0.71
3	0.63
4	1.00
5	0.80
6	0.64
7	0.80
8	1.00
9	1.01
10	1.00
11	1.43
12	0.52
13	1.44

・玉1・4・8・9・10の五個は　近似率が同値。

・玉3・6と5・7の組も値は近い。[注9]

②〔二〇七／二〇四の場合〕

玉No.	近似率
1	1
2	0.97
3	1.26
4	1.00
5	0.98
6	1.02
7	1.12
8	1.00
9	1.01
10	1.00
11	1.25
12	1.21
13	1.21

・ここでも、玉1・4・8・9・10の五個は、「二〇六／二〇四」の場合と同じ結

資料玉名	$^{206}Pb/^{204}Pb$	$^{207}Pb/^{204}Pb$	$^{208}Pb/^{204}Pb$	$^{207}Pb/^{206}Pb$	$^{208}Pb/^{206}Pb$	分析番号
設楽原玉－1	18.491	15.624	38.762	0.8449	2.0963	BP5303
設楽原玉－2	18.348	15.608	38.642	0.8506	2.1061	BP5304
設楽原玉－3	18.307	15.786	38.686	0.8623	2.1131	BP5305
設楽原玉－4	18.492	15.627	38.775	0.8451	2.0968	BP5306
設楽原玉－5	18.394	15.609	38.700	0.8486	2.1040	BP5307
設楽原玉－6	18.316	15.637	38.525	0.8537	2.1033	BP5308
設楽原玉－7	18.392	15.697	38.662	0.8535	2.1021	BP5309
設楽原玉－8	18.489	15.622	38.755	0.8449	2.0962	BP5310
設楽原玉－9	18.494	15.629	38.780	0.8451	2.0969	BP5311
設楽原玉－10	18.493	15.627	38.774	0.8450	2.0967	BP5312
設楽原玉－11	18.701	15.782	39.288	0.8439	2.1008	BP5313
設楽原玉－12	18.256	15.756	38.520	0.8631	2.1099	BP5314
設楽原玉－13	18.709	15.753	39.287	0.8420	2.0999	BP5315
誤差範囲（1σ）	±0.010	±0.010	±0.030	±0.0006	±0.0003	

出土玉の鉛同位体比「測定結果」

果である。

・玉3・6の場合と5・7の場合は、どちらもここでは近似率が異なり、「二〇六／二〇四」の場合とは傾向が異なる。

・新たに、2・5、3・11、12・13で近似率が近い。

③〔他の同位体比の場合〕

・玉1・4・8・9・10は、何れの場合も1に限りなく近く、同一の材料使用と推測できる。

・他の組の数値では、取り上げる同位体比によって値が異なり、複合した材料構成を思わせる。

考察2

・測定結果から異なる同位体比の相関をみるため、図1と図2を作図（平尾研究室）した。図中には、日本領域や華南領域、朝鮮半島領域といった東アジアの地域が示され、それらに加えてN領域という現タイ国のソントー鉱山の鉛鉱石が位置する領域が示されている。

これらは、これまでの平尾氏らの先行研究によって示されているもので、本報告でも産地推定にこれら領域を利用した。以下、「表」とそれに基づく図1・図2についての分析を、『設楽原・長篠城跡から出土した鉄炮玉の鉛同位体比』（別府大学大学院文学研究科　平尾良光、西田京平、二〇一一）から引用する。*

*これまで、火縄銃玉の鉛は、中国・東南アジア方面が殆どという見方であった。

設楽原・長篠城跡－出土玉の鉛同位体比「図１」

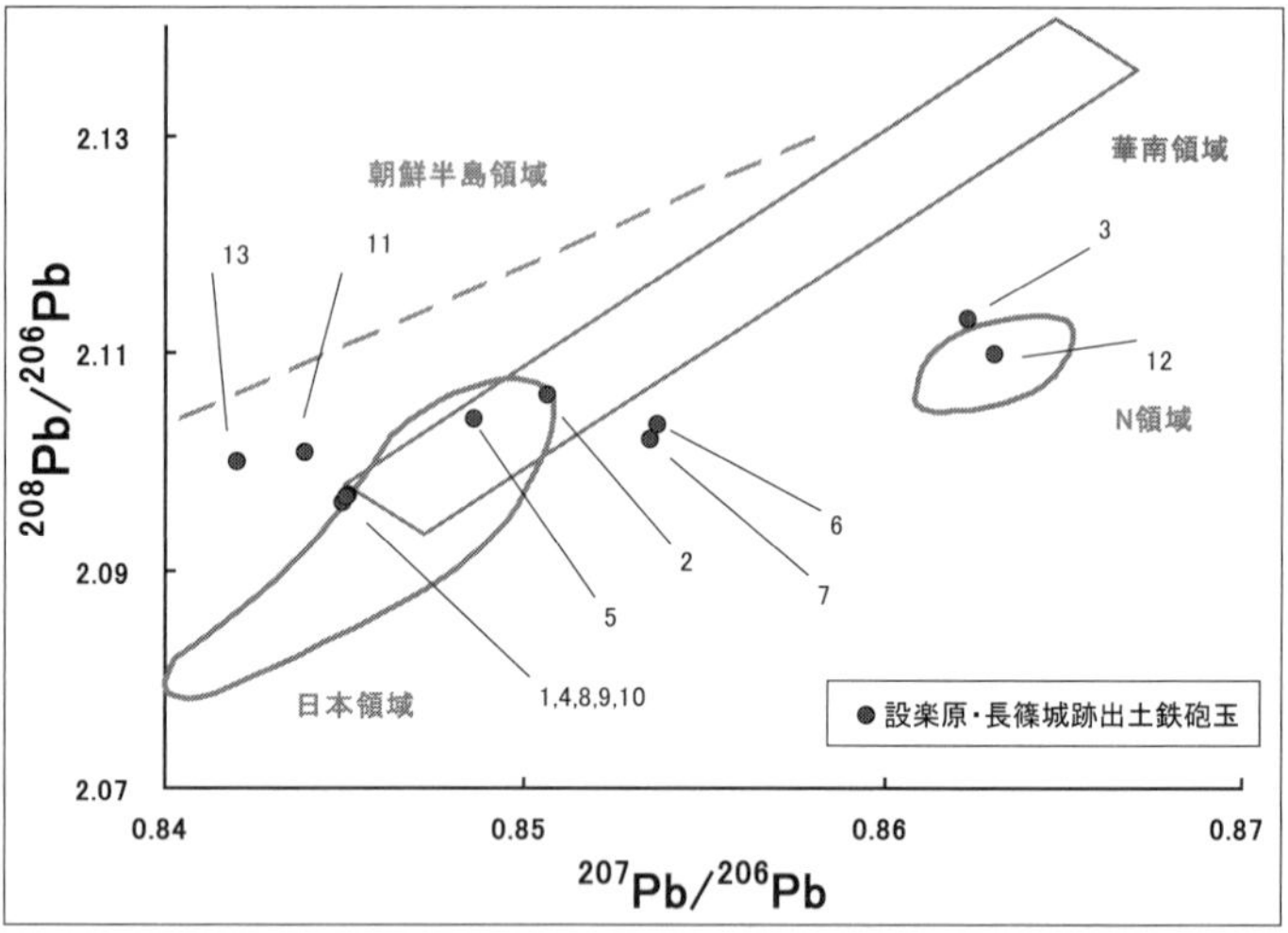

設楽原・長篠城跡－出土玉の鉛同位体比「図２」

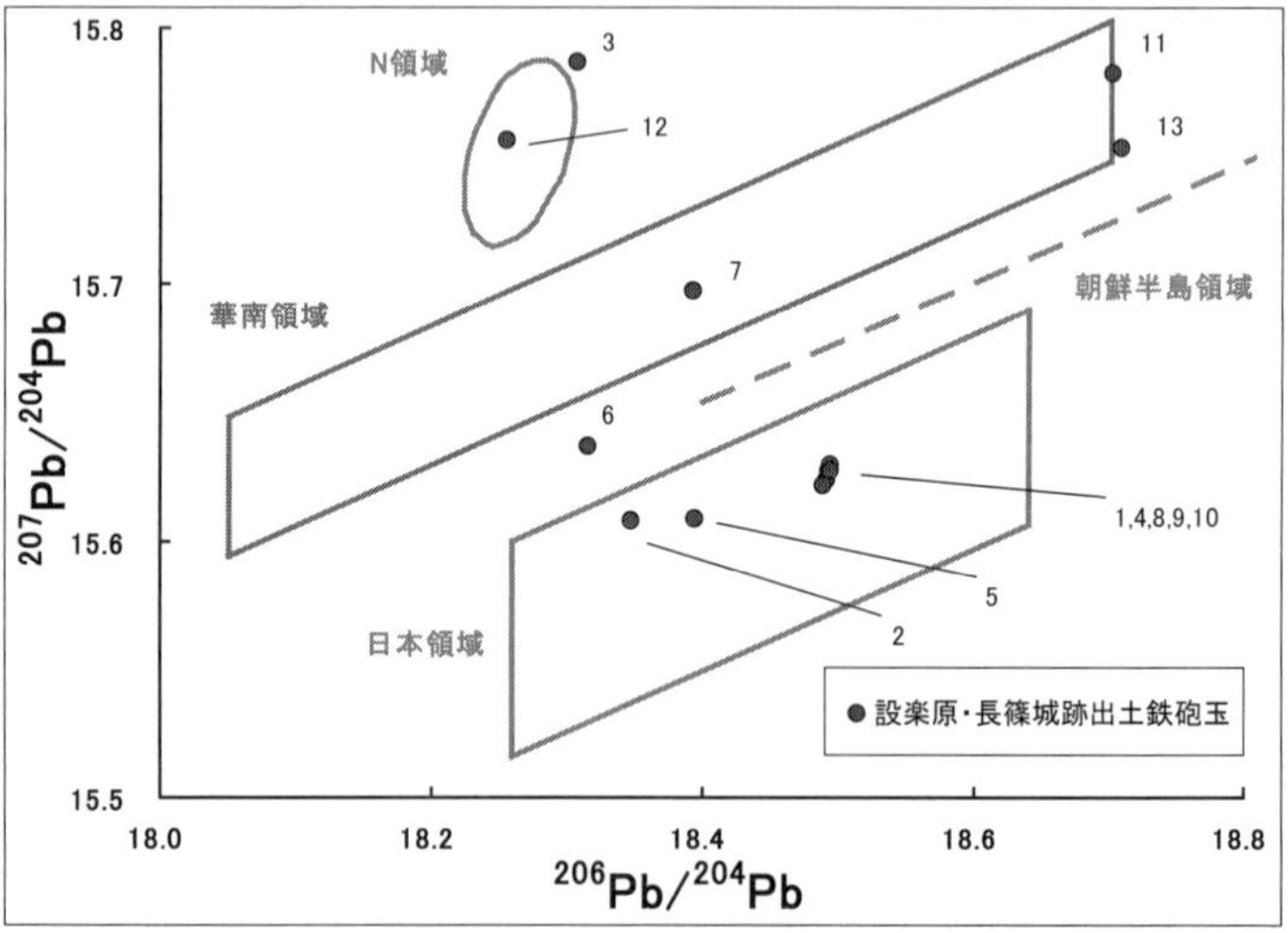

・玉1、4、8、9、10の5点は、図1と図2で「日本領域内」にそれぞれの誤差範囲内で一致したことから、鉛材料は同一であり、日本産の鉛であると推定される。
・玉2と5は、図1では日本領域と華南領域が重なっている部分に位置したが、図2では日本領域内に位置しており、鉛材料は日本産であると推定される。
・玉12は、図1と図2でN領域内に位置したことから、N領域産の鉛材料であると推定。玉3は、図1と図2でN領域に近く、N領域産の鉛材料を主体としている可能性がある。
・玉6と7については、図1では華南領域の下－日本領域とN領域の間－に位置し、図2では華南領域内と日本領域・N領域の間に位置している。これらについては、未知の鉱山の鉛材料かN領域の材料と日本産の材料を混合した材料である可能性がある。
・玉11と13は、図1では〔朝鮮半島領域・日本領域・華南領域〕のいずれの領域とも近い所に位置し、図2では華南領域に外右側・朝鮮半島領域とも近い箇所に位置したことから、中国華南産あるいは朝鮮半島産の鉛材料である可能性が推定される。

今回の鉛同位体比測定結果にその後の最新調査を加えると次のようになる。
①全体では日本産十四個、タイ（ソントー鉱山）産二個、朝鮮半島か中国産三個。混合一個。
②出土場所別では、長篠城玉は日本産三個、タイ産一個、朝鮮半島か中国産二個。混合一個。石座玉は日本産六個。設楽原玉は日本産五個、タイ産一個、朝鮮半島か中国産一個。

③出土個体は少ないが七〇％が国産鉛、二五％が外国産である。

注1　『火縄銃』（平5・所荘吉・雄山閣）、『日本最古の火縄銃展』（平13・設楽原歴史資料館）等による。
注2　・現存する最古の火縄銃は、設楽原の八年後の銘のある京都・龍源院の「喜蔵とりつき」銃である。
注3　・［採取場所］　激戦地の連合軍側（推定で織田軍布陣の正面）では、初めての採取。
注4　・［比重の算出］は、『銃砲史研究：三五四号』の「設楽原の鉛玉とその周辺」注4による。
注5　石座玉データは全て「（公財）愛知県教育・スポーツ振興財団愛知県埋蔵文化財センター」による。
注6　・『新城市誌』「近世の新城—猪・鹿よけ」、『設楽原紀要：5号』「明治五年鉄炮御免許願い」（湯浅大司）、『元禄十五年設楽郡長篠村明細帳』（鳳来町古文書教室編）等を参照。
注7　・元禄当時、長篠村で二名が猟銃（火縄銃）を所持し、一挺百文の運上金を納めていた。
注8　所荘吉氏の話：『銃砲史研究：三五四号』「設楽原の鉛玉とその周辺」注8を参照。
注9　・連吾川に沿っては、当時もかなり開田されており、両軍の衝突場所は限られていた。
・粗い推計値は、同一状況ができれば武田方布陣地全体で発見可能とみた玉の数である。
当時、銃毎に玉鋳型で玉を作る。融点の高い銅玉・鉄玉は、個人による銃毎の製作は困難である。玉の芯に鉄を使い周りを鉛で覆う玉はこれまでに発見されている（平尾氏報告）が、純度の高い銅玉はどうだろうか。

玉ごとの簡便比較のために、同位体比毎に、玉1を基準に近似率（玉1に対する比の値）を算出した。同一数値の場合に近似性が高いということになる。

玉6の鉛はごく微量であるが、鉛同位体比も測定された。測定結果はでたが、火縄銃の銅玉は疑問である。

コース⑪

設楽原の火縄銃、連続打ちの検証

織田方も武田方も、「鉄炮の戦い」だという。その中身は？

1　設楽原での火縄銃使用
2　連続打ちの想定
3　火縄銃演武の記録と考察

長篠・設楽原鉄砲隊、織田昌彦、小林芳春

平成十九年以降、設楽原をまもる会は地元鉄炮隊との連携で、設楽原決戦における火縄銃使用について実地的検証を行っている。検証は、設楽原をまもる会が毎年七月第一日曜日に行っている地元行事の「設楽原決戦場まつり」における火縄銃演武を利用している。以下は、その記録である。注1

1　設楽原での火縄銃使用

戦場となった設楽原は、北側を雁峰山系（比高六〇〇m）の山並みが続き、南側を豊川の峡谷がほぼ東西（傾斜角17度）に流れ、その間の三km幅を東三河平野が次第に狭まりながら長篠城まで遡っていく。

下図の中央を上から下方に「連吾川」が流れ、この左側一帯（弾正山台地）が織田・徳川軍の布陣地で、右側（信玄台地周辺）が武田軍布陣地である。

連吾川と火縄銃使用

火縄銃使用は、その構造・性能から次のような制約がある。

①玉込めに時間を要する分、とっさの対応ができない
↓射程距離が長いので味方から相手へという一方向使用が基本
②有効な射撃には至近距離が必要だが、打ち手の恐怖感と隣合せ

↓小川や柵で待受けて使用することで、相手との距離を保つ

連吾川沿いの【馬防柵】建設は、織田徳川軍が防御の態勢で決戦を迎えるという意思である。この二㎞にわたる「柵」は、武田軍が突入してはじめて双方の衝突ラインになる。従って、連吾川をはさんだ両軍の対峙は、連合軍にとって「火縄銃使用の第一条件」が整ったことになる。

合戦絵図の火縄銃＊

＊犬山城白帝文庫所蔵。

『長篠合戦屏風絵図：犬山城成瀬家本』に描かれている火縄銃の戦いは、三点に集約できる。

a　武田軍と連合軍は、連吾川（柵）を挟んでの東西の対峙である

b　連合軍の火縄銃使用は、「柵で」「柵前」「柵の後方」の三通り

c　描かれた時代を反映し、徳川軍の動きが拡大されている

織田軍の鉄炮隊—前田利家隊の位置「柵に掛けて」

・鉄炮隊（ここでは五人）が柵に火縄銃を掛けて応戦している。

・柵前中央の武将には「前田又左衛門利家」の貼り札がある。利家の前後に「佐々内蔵助成政」、「塙九郎左衛門」の貼り札があり、『信長公記』の鉄炮奉行五人中三人がここにいる。

柵の中から

徳川軍の鉄炮隊—大久保兄弟隊の位置「柵の前で」

①上図の鉄炮隊は柵の外にいる。前図の前田隊は柵の中から火縄銃を使っている。「柵で待構えて

相手を鉄炮で打つ」が信長の下知だから、徳川方の大久保兄弟と内藤信成隊が柵前に出て戦ったのは、国衆としての立場であろうか。

・『三河物語』と『信長公記』に、「敵かかれば引、敵のけばかかり」とあり、相手が下がったときに、柵前に出たと読める。

②鉄炮に打たれ落馬した山縣昌景…その直ぐ後（右側）を、主人山縣の首級を抱いて、従者の志村又右衛門が戦線から離れようとしている。

＊この話は、地元竹広の山縣塚のいわれとしても伝えられている。

徳川軍の鉄炮隊━「柵後方」隊の位置

連吾川最南端の徳川鉄炮隊（左下図）は、上図と異なり、柵の内側少し奥から火縄銃を打っている。ここは、打ち手の位置が「一段高い所」と読むと、前面の柵が発射の障害にはならず、前後の二段構えとも読める。

・「柵によって」「柵の前で」に比べ、「柵の後方から」というのは筆者が何を語ろうとしたのか分かりにくい。

絵図の三通りは千挺ずつ三段の「通説」自身が一様でないことを語っていると読めるが、それは同時に配置場所ごとにそれぞれの工夫（火縄銃の弱点を補う）がされたことを語っているのであろう。

2　連続打ちの想定

「鉄炮を以て散々に打立」は、設楽原の決戦を記す江戸期文献の鉄炮記述の共通項である。注2

鉄炮隊配置の想定

連吾川の馬防柵ラインに、鉄炮隊がどのように配置されたか、二つの想定ができる。

想定1「全前線への均一的配置」、想定2「一部前線への重点的配置」

・連吾川沿いでは、当時からかなりの水田が開かれていた。旧暦五月二十一日は、水田に水が一番張られている時期で、そこからの相手の侵入や攻撃は不可能である。（コース④参照）

・水田のひろがるこの地形から、鉄炮隊の配置は二km一様ではなく、相手の攻撃が予想される通路など水田の切れ目各所への、重点的配置と考えられる。

馬防柵との位置関係では、打ち手の位置は「柵前・柵の内側・柵の後方」の何れかである。『信長公記』の「身隠をして、鉄炮にて待請」は「柵の内側」と読める。

・『松平記』『当代記』………「陣の前（面）に柵をふり」

・『甲陽軍鑑』『三河物語』…「柵をふり待うけての所へ」

「散々に」を可能とする打ち方の想定

文献の記す「（相手を）散々に打立」の字句からは、かなり連続的で相当の迫力・威力を感じるが、火縄銃の場合、装塡から発射までの所要時間は早くて二十秒程である。これでは、「散々に」とか「連続的」という感じはでてこない。

これを補う手立てとして、交代式とか多人数による同時一斉発射等が考えられるが、何れの場合も、火縄銃の数がなければ相手への威力は生まれない。「数」は第一の必要条件である。

数多くの火縄銃をどう使うか、とりあえず三つの場面（方式）を想定した。

想定1「個別の連続的発射」（［横一段］または［高低差利用の二段・三段］の場合）

・配置　鉄炮の打ち手全員が横一列又は高低差三段に並び、たとえば二m間隔で配置

・打ち方　最初の1発は全員の同時発射。2発目以降、打ち手各々が素早く発射する。

＊高低差利用の場合、打ち手の移動はないが、頭上を弾丸が飛ぶ。

想定2「組別の連続的発射」（［三人組］の順打ち）

・配置　各組最初の打ち手が横一列に並び、（二m間隔）配置につく。
その後方に二列目・三列目が準備して待機。

・打ち方　一列目が打つと最後尾に後退し、つづいて二人目・三人目が前に移動して打つ。最初の1発は合図で発射。2発目以降は、順次交代による連続的発射。

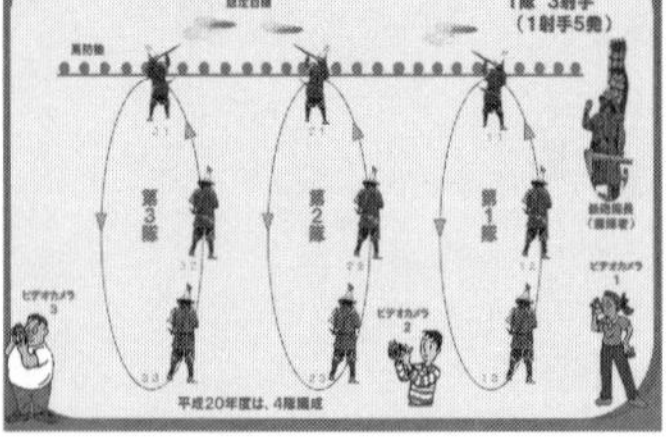

想定3「組別の打ち手固定連続的発射［四人組みの一段］注3

・配置　打ち手が前面に位置を定め、その後ろに分業玉込め役三人が半円形に配置。＊使用火縄銃の口径が同じ場合

・打ち方　最初の1発は合図で発射。打ち終わると、打ち手は左後方の玉込め役にその銃を渡す。続いて右後方の玉込役から玉込め済みの銃を受け取り2発目の発射へと進む。

3　火縄銃演武の記録と考察

「連続的な打ち方」ということは文献から推測できるが、その実体はつかみがたい。ここでの検証は、「想定2と3」を中心に記録を整理したものである。注4

(1)　連続打ちの記録の取り方

①鉄炮の打ち方（想定2・3）

・一人5発の打ち手三人が一組となる。想定3では、玉込め役三人が各5発とする。（空砲）

・初発は号令による一斉で、あとは打ち手のペースで組毎に連続して15発を発射。

②ビデオ記録のとり方　＊画像は1秒30コマ

・各組ごとに、カメラをセットし、三人の動き全体を、発射終了まで連続撮影。
・発射時間の計測は、発射音と銃口から出る小火炎（白煙）の画像のコマ数読み取りで行う。

(2) 連続打ち（想定2・3）の時間解析

使用銃が隊員の個人用で、銃の長さ・重さによる扱いやすさの違いがあり、この影響はあるが考慮はしていない。

データ1　19年の組別連続打ちの発射間隔

次は、表1と図1から、最初に読めること。

①発射間隔のばらつきは、かなり大きい。
・第1隊の第3射手、つまり発射弾数No.3・6・9・12・15の場合は、第1射手、第2射手と比べて所要時間が多い。時間比は1：3に近い。第3隊の三番手も同傾向である。
・逆に、第1隊の第1射手はコンスタントに6秒台で安定している。これは、九人中、所要時間が最小である。

発射弾数	インターバル（秒）		
	第1隊	第2隊	第3隊
1	0.0	0.0	0.0
2	15.3	11.9	11.4
3	28.2	9.4	23.0
4	6.5	11.0	4.3
5	9.0	11.2	10.4
6	12.3	14.0	21.4
7	6.1	27.7	9.2
8	11.7	10.7	3.5
9	22.4	20.8	23.4
10	6.7	9.6	13.1
11	10.4	17.1	15.3
12	20.4	13.5	14.1
13	6.9	3.4	5.5
14	10.0	29.0	22.8
15	25.4	16.8	31.3
平均	13.7	14.7	14.9
標準偏差	7.21	6.84	8.07
トータル時間	3分11秒3	3分31秒7	3分28秒7

表1：19年7月演武の発射間隔

コラム⑪

火縄銃のカラクリ

湯浅大司（設楽原歴史資料館学芸員）

火縄銃は、大きく「筒」「台木」「カラクリ」の三つからできている。

カラクリというのは、台木から筒へ、引き金を引く力を火皿《ひざら》の口薬《くちぐすり》に着火させるために、機械的にどのように伝えるか、その「仕掛け」の部分である。

火縄銃の特徴　引き金を引いたときに生ずる衝撃はほとんどない。これは、火縄の火を直接口薬に移すため、点火時の衝撃（たたく、うちつけるなど）を必要としないからである。その分、発射のブレがなく命中度の高さに役立っている。引き金を引くと「火鋏《ひばさみ》」が瞬時に落ちるのが日本式銃の特徴である。

「内カラクリ」と「外カラクリ」

カラクリは、外観上二つに分けられる。カラクリの部品、特に火鋏をはじくための弾金（はじきがね）が外側から見えるのが「外カラクリ」、なければ「内カラクリ」である。

「外カラクリ」は更に「平カラクリ」と「外記カラクリ」があり、内部の構造が異なっている。「内カラクリ」は、外カラクリの弾金の代わりにゼンマイ（発条）バネによる反発力を利用する。

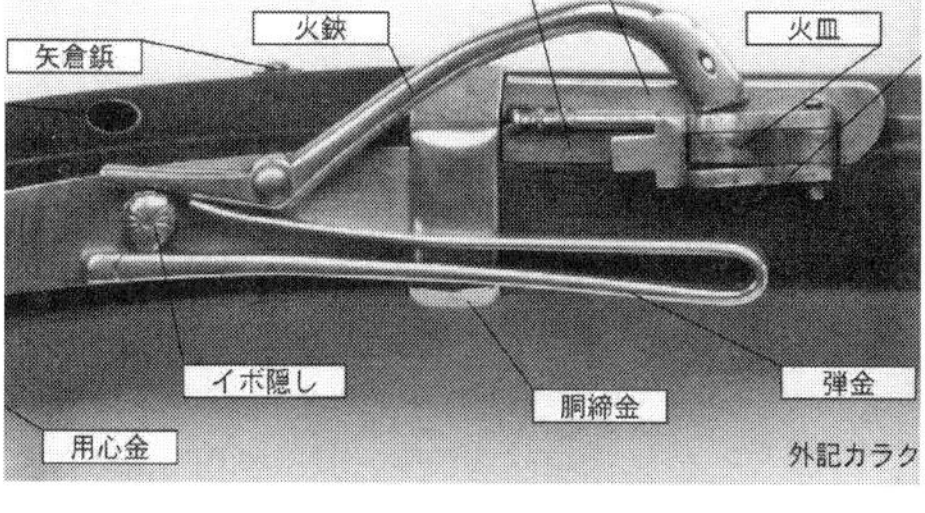

②発射間隔の大小は、発射準備時に突然現れる「手間取る」「落とす」等の偶発的事情によるものが多いが、それらを含めて射手の個人傾向と読める。（表1、図1）

・これを図のグラフでみると、所要時間の違いと一次的特徴が見えてくる。

所要時間が大…折れ線のピークは、
ほぼ同じ射手である

所要時間が小…折れ線の下のピーク
も、ほぼ同じ射手

・不発など偶発的事情が起これば、グラフの形は乱れ、打ち手の個人傾向は分かりにくくなる。ここの第2隊の波形も、打ち手の個人傾向らしきものが見えない。

図1 連続撃ち発射間隔

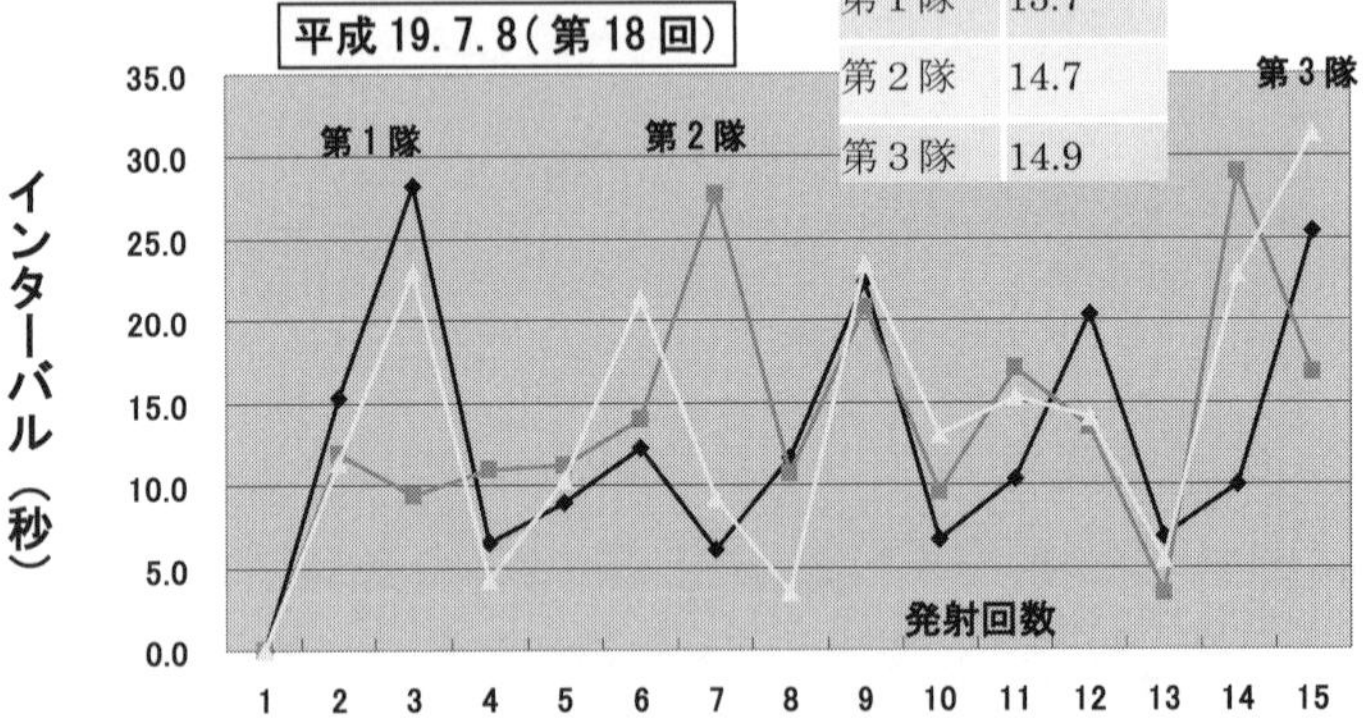

隊別	平均間隔
第１隊	13.7
第２隊	14.7
第３隊	14.9

折れ線波形の傾向を、射手別平均が裏付けている。

射手	隊平均	第１射手	第２射手	第３射手
インターバル	12.3	6.6	10.3	20.1

データ2　20年の組別連続打ちの発射間隔

①発射間隔は、射手の動きの一次的表現

・下の表2で発射弾数第4発目を見ると、第4隊は第1隊に3秒4遅れて入るが、発射は14秒1早く終えている。3発目までは各隊とも予め玉込めをしているので、この4発目から玉込めの個人差が出てくる。従って、第4隊の射手は第1隊の射手よりも、手際よく準備を終え、発射したことになる。ところが、発射間隔は常に前の打ち手の使用時間に大きく影響される。

②発射間隔が、射手の個人的傾向や事情を表現する

2発目以降の各隊の最大値は、ほぼ同一射手

2発目以降の各隊の最小値も、ほぼ同一射手

・第1隊の第1射手、つまり発射弾数№4・7・10・13の場合は、所要時間が多い。逆に、第1隊の第2射手、第3射手は9秒前後で数値は小さく安定して

発射弾数	第1隊		第2隊		第3隊		第4隊	
	経過時間	インターバル	経過時間	インターバル	経過時間	インターバル	経過時間	インターバル
1	0.0	-	0.0	-	0.0	-	0.0	-
2	8.0	8.0	8.4	8.4	8.3	8.3	8.4	8.4
3	20.3	12.3	17.7	9.3	16.7	8.4	23.7	15.3
4	50.7	30.4	34.5	16.8	40.3	23.6	36.6	12.9
5	59.1	8.4	47.5	13.0	47.3	7.0	46.5	9.9
6	1分09.4	10.3	1分01.5	14.0	59.5	12.2	57.0	10.5
7	1分34.3	24.9	1分12.5	11.0	1分19.8	20.3	1分16.1	19.1
8	1分42.4	8.1	1分29.2	16.7	1分29.5	9.7	1分28.7	12.6
9	1分51.4	9.0	1分43.7	14.5	1分42.2	12.7	1分36.9	8.2
10	2分18.2	26.8	1分56.4	12.7	2分05.6	23.4	1分51.6	14.7
11	2分25.7	7.5	2分15.6	19.2	2分11.6	6.0	2分08.6	17.0
12	2分36.0	10.3	2分27.5	11.9	2分27.5	15.9	2分15.0	6.4
13	3分05.8	29.8	2分40.2	12.7	2分49.8	22.3	2分30.0	15.0
14	3分14.0	8.2	3分04.0	23.8	2分57.2	7.4	2分50.5	20.5
15	3分23.2	9.2	3分19.5	15.5	3分18.4	21.2	3分09.8	19.3
平均		14.5		14.3		14.2		13.6

表2：20年7月演武の発射間隔（3人一組の連続打ち）

いる。だが、三人の銃の違いによる影響は見えない。
・また、これを第2・第3の射手が三分の一の時間で手際よく済ませると見ることもできない。第1射手の所要時間を、それぞれが自分の準備に当てているからである。
・この所要時間の違いは、操作技術の違いによることも大きいが、扱う火縄銃の違いによるし、前射手の時間に大きく影響される。
③つまり、発射間隔の大小は、直前射手の動きの二次的表現
・第1隊第2射手の2回目の発射である発射弾数No.5の数値は8・4秒とごく短い。ここは直前射手の時間が30・4秒と長いので、この分も当人の所要時間として使えているはずである。玉込め時間の大半は、直前の射手が時間を要している間に済ませているのであろう。
・つまり、この8・4の数値は
◇第2射手の「移動がスムーズ」を伝えてはいるが、「玉の装填時間が少ない」ことを表しているとはいえない。
④発射間隔の大小は、使用銃の形状や使用歴を表現

隊別	全所要時間	平均間隔	6発の同	最小値	最大値
第1隊	3分23.2秒	14.5秒	13.9秒	7.5秒	30.4秒
第2隊	3分19.5秒	14.3秒	12.3秒	8.4秒	23.8秒
第3隊	3分18.4秒	14.2秒	11.9秒	6.0秒	23.6秒
第4隊	3分09.8秒	13.6秒	11.4秒	6.4秒	20.5秒

表2－2：20年7月演武の発射間隔（平均と極値）

・使用する火縄銃の重量と全長は、玉込め時の扱いやすさに直結している。発射のための火薬量は銃の口径で異なり、銃口での作業量に大きく影響する。（五匁筒なら八g程度、十匁筒なら十五g程度）

・火縄銃の経験歴の違いも大きい。[注5]

データ3　21年組別連続打ちと分業方式

・組別連続打ちは、組数・打ち手数を「三組の9射手」とした。

・新たに、「四人編成で打ち手固定」の分業方式一組を加えた。

前年に比べ、総所要時間の平均で32秒、発射間隔平均で2秒ほど遅い数値であった。

⑤分業方式の場合の発射間隔平均

・21年資料の場合、平均値で見ると両者（組別と分業式）の違いは少ない。16秒前後の

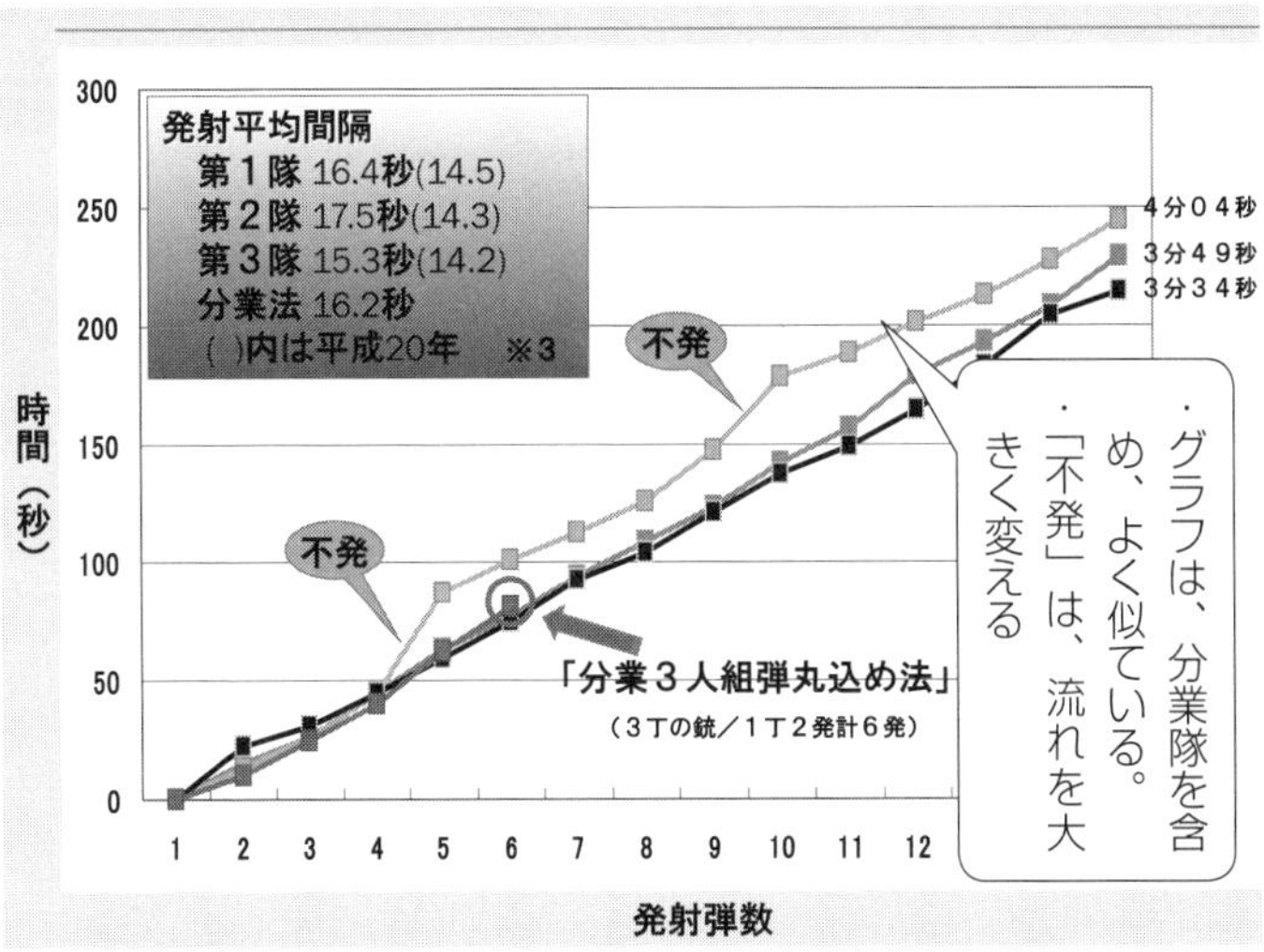

図２：21年７月演武の発射間隔（組別連続打ちと分業式）

間隔である。
・組別連続打ちの20年資料（表2）と比べても、個人傾向・平均値ともに4発目までは両者（組別連続と分業式連続）の違いは目だっていない。
・ところが、分業式5発目・6発目の所要時間が突然大きくなり、そのため平均値は分業式の方が2秒数字が大きい。ということは、5発目・6発目が順調ならば、分業方式の場合、20年並の数値は期待できそうである。
・けれども、名和氏の言う発射間隔（所要時間）5秒となると、現段階のデータでそこまでの短縮は考えられない。
◎分業方式では、「相手に銃を手渡す」動きが加わる。組別連続打ちの「打ち手の移動」とどちらが無理がないか、検証すべき課題である。

考察1「三年目のマイナス」

組別連続打ちの記録を、現在の形でとりはじめて三年間の記録である。

発射間隔の平均　14.4→14.2→16.4（秒）

・火縄銃の演武は、三年間ほぼ同一メンバーによる活動であり、事柄への理解や慣れを考えたとき

グループ名	平均の所要時間
20年第1隊	14.5秒
第2隊	14.3
第3隊	14.2
第4隊	13.6
21年第1隊	16.4秒
第2隊	17.5
第3隊	15.3
21年分業法	16.2秒

表3：20年・21年の平均値

コラム⑫

決戦の火縄銃は？

林　利一（愛知県古銃研究会代表）

とりつかれたように火縄銃にかかわってから三十八年目を迎えた。設楽原古戦場での最初の演武は昭和六十一年四月、演武経験も十年を超え、格別な思いで馬防柵の前に立った。

不発・不具合　以来、設楽原の演武だけでも五十回を越え、その分いろんな失敗もし、不発もあった。使用銃は江戸後期の作にしても百五十年は経過している。傷んだゆがみがあれば、素人が応急修理をして新たな不具合を生じたと考えられるところもある。一方、設楽原決戦での使用銃は伝来から三十年ほどだから古い銃はない。信長が満を持して出兵したこの戦いには、そこ数年の間に用意した最新の銃が使われたのであろう。とすると、不発や不具合は私たちよりもはるかに少なかったのではないだろうか。

設楽原の鉄炮　実射を含めたこれまでの私の感じから思うことは、

①柵の内側で、安全を確保しながら、できるだけ相手をひきつける。
②「一斉に」である、守備場所ごとに、「号令」による合図がいる。
③そんなにたくさんは打てない。最初の数発が、大勢を決める勝負。
④四人一組の射手固定は、最初の三発に時間のロスがでる。「鉄炮放《てっぽうはなち》」の立場として疑問。

発射間隔の数値は多少とも「向上（減少）をする」と予想したが、三年目の数値は下表のように逆に増加した。この演武に関しては、所要時間が増した。

小間隔の比率　40→41→7（%）

・平均数値が増加したので11秒未満の間隔回数は当然少なくなると予想はしたが、今回極端に減少した。

大間隔の比率　29→18→14（%）

・間隔の平均値が増加したので、この比率は増加と思われたが、逆にかなり減少した。

21年の事情

・三年目のこの年、鉄炮隊は演武にあたり、「打ち方」の見直しを行った。単に「時間短縮」をねらうのではなく、「実際の玉があるとしたら」玉込め操作の所はどうすべきかなどの点で、より慎重さを求めた。

・それが、記録の数字傾向が変わった原因の一つと思われる。

調査年 グループ名	発射間隔の 平均	発射間隔 11秒未満	発射間隔 20秒以上
19.7		（全14）	
第1隊	13.7秒	7回	4回
第2隊	14.7秒	5回	3回
第3隊	14.9秒	5回	5回
20.7		（全14）	
第1隊	14.5秒	9回	4回
第2隊	14.3秒	3回	1回
第3隊	14.2秒	6回	4回
第4隊	13.6秒	5回	1回
21.7		（全14）	
第1隊	16.4秒	0回	2回
第2隊	17.5秒	1回	3回
第3隊	15.3秒	2回	1回
21.7			
分業隊	16.2秒		

表4：3年間（演武）の発射間隔平均

考察2「鉄炮を以て散々に」の解釈のために

①組別連続打ちの「連続の実体」

・ここでいう組別連続打ち（組毎）は、ある程度すき間を埋めることができる。各組の発射間隔平均は13～17秒台である。これを最初の3発で見ると早い組は平均が8秒台である。この最小数値が、「鉄炮を以て散々に打立」に対応できる数値かどうかを試算した。

〔試算〕演武の際の三人組隊の相互の間隔を2mにして、30m幅で考えると16組（48名）編成になる。この幅で、これまでの発射間隔を基に、一秒間あたりの発射数を試算すると
a：発射間隔8秒なら、16人の射手が16発で、1秒あたり2発。
b：発射間隔14秒なら、14秒で16発、1秒で1発強。
c：発射間隔16秒なら、16秒で16発、1秒で1発。
・aの数値を「1秒で2発」（a）と読むとかなりの迫力を感じるが、〔30m〕に対してと見ると実質的な威力とはいえそうにない。「1秒で1発」（c）になると迫力は更に弱い。
・ここからは、今後の数値の改善を見込んでも、順次交替の「組別連続打ち」だけでは必要な威力はむつかしいと読める。

②打ち手の移動を避ける工夫として「分業連続打ち」を一部取り上げたが、今回の発射間隔16・2秒は、当座の目安としても数値が大きく、連続には遠い。

③「組別連続打ち」の場合、平均では1秒で2発だが、8秒毎の一斉（同時）なら16発である。この「一斉の威力と轟音の迫力」を考慮すべきである。

現段階での結論

・その後も、順次交代式の連続打ち（想定2）のデータをとっているが、数値の大きな変化はない。つまり、順次交代式だけでは「散々に」の感じは出てこない。打ち手固定の場合も同様である。

・一方、時間間隔はあくが「一斉」の迫力は替え難いものがある。

・一斉と順次交代の混用形態が、「散々に」検証の新たな方向と考える。（平成25以降、調査中）

注1　決戦と同じ日（旧暦天正三年五月廿一日、陽暦七月初旬）に、同じ場所で行う戦国慰霊のまつり。

注2　『徹底検証』第四章「鉄炮記述の検証」・『あい砲：17号』の「三段撃ち論議と文献」（小林芳春）による。

注3　『長篠・設楽原合戦の真実』（名和弓雄、雄山閣）第1章「分業三人組弾丸込め法」参照。

注4　『設楽原紀要：第15号』の「設楽原決戦における鉄炮の検証」（小林芳春）・『銃砲史研究：第三六六号』「火縄銃連続打ちの検証2」（小林芳春・織田昌彦）参照。

注5　『あい砲：20号』「火縄銃不発の原因を探る」（湯浅大司）参照。

第三章

決戦の陰の道を歩く

鳶ヶ巣への大迂回も
岡崎への使者も
村人の避難も

陰の動きは速い

馬防柵の建設準備（設楽原をまもる会）

コース⑫

別働隊、鳶ヶ巣砦急襲の道

決戦早朝、
長篠城を見下ろす武田軍の砦を
連合軍の別働隊が急襲した。

1 「決戦」への引き金
2 大迂回作戦
3 暁の急襲

熊谷昇吾、戸田喬、小林芳春

100年前の長篠城跡から見る鳶ヶ巣山（写真提供：柿原　元氏）

1 「決戦」への引き金

長篠城を囲んでいた武田軍が、連吾川をはさんだ高台に姿を現すと、織田・徳川連合軍の緊張は一気に高まった。信長本陣の極楽寺山に集まった諸将の顔も自ずと固く、次々に入る物見の兵の知らせにも不安がよぎる軍議であった。

この雰囲気を察した家康が、酒井忠次に「蝦掬《えびすくい》の狂言」を所望すると、忠次は早速これを演じた。平生得意とするだけあって居並ぶ者みなどっと笑い、軍議の雰囲気は一変したという。『大三川志』の記す緊張緩和の一こまである。極楽寺山の西端に「えびす」の名を冠した夷ヶ谷《えびすがや》城跡がある。注1

つづく軍議の中で、酒井忠次が「鳶ヶ巣砦急襲」を進言すると、信長は突然気色ばみ、忠次を激しくとがめて忠次は面目を失った。後刻、信長は家康と忠次を呼び、改めて「鳶ヶ巣攻撃」を命じたという。直ちに、設楽原を出発した酒井隊長の別働隊は、二十一日早朝、長篠城を囲む武田軍の鳶ヶ巣砦を急襲し五砦全てを落とした。

奇襲の献策

この奇襲の献策を、『長篠日記』『譜牒余録 - 奥平美作守』『寛永系図伝 - 酒井忠次』等多くが別働隊長の酒井忠次としているが、どこか若き信長の桶狭間急襲を思わせるものがある。『信長公記』が記す「信長被廻御案」の一つとして、発案は信長とみることもできる。その進撃コースは、家康を含めて東三河衆の提案であろう。そこを通った者でなければ思いつきようのない道筋である。

鳶ヶ巣攻撃のねらい

織田軍の設楽原着陣が十八日、武田軍の設楽原進出が翌十九日午後から二十日、そして二十一日には全面衝突へと、足早な展開となった。その最後の引き金になったのが、連合軍の鳶ヶ巣攻撃であることは間違いない。もともと、連合軍の「鳶ヶ巣攻め」のねらいは何か?

①長篠城の落城を防ぐこと

・対陣が長期になる場合も含めて、信長軍の目的である長篠城救援の直接行動である。

②設楽原進出の武田本隊を牽制し、後方攪乱とその戦意に影響を与えること

・鳶ヶ巣での鉄炮使用は、設楽原布陣の武田軍の耳に届き、背後を脅かす効果は大きい。

③武田軍の鳶ヶ巣小荷駄基地をたたくこと

・牧野文齋の『設楽史要』に「小荷駄基地」も目的という。『松平記』も「小荷駄を取」と記す。

奇襲は分かるが、武田軍の後方に位置する鳶ヶ巣へ進攻はそのコースがむつかしい。

2　大迂回作戦

別働隊の道筋は次のように記されている。

・『信長公記』:「のりもと川を打越、南之深山をまハり、長篠之上鳶巣山へ」

・『長篠日記』：「吉川村ヨリ鳶ガ巣山へ」（広瀬川→吉川《よしかわ》村→
松山越→菅沼山→鳶ヶ巣）

これは設楽原から鳶ヶ巣山への通常コースを全く外し、南にそびえる船着山《ふなつけやま》の南斜面をまわる大迂回コースである。地元民の間道であるが、家康は二年前の長篠城攻略の際、武田軍の襲撃を避けてこの間道を利用し吉川から浜松城へ戻っている。その時の経験が、今回のコース決定に役だったのであろう。注2

次は関係史料の記す道案内である。

・『長篠日記』：**近藤平右衛門、豊田藤助、阿部四郎兵衛**
・『菅沼家譜』：**豊田藤助、近藤石見守廉用**（**定盈指名**）、為検使被副阿部四郎兵衛定次
・『菅沼記』：**近藤平右衛門、豊田藤助、阿部四郎兵衛**
・『寛永系図伝 - 酒井忠次』『武徳大成記』：奥平監物（貞能）、名蔵喜八郎（奥平信光）

＊近藤平右衛門秀用……永禄十一年の家康書状に近藤石見守（井伊谷三人衆で定盈に近い）

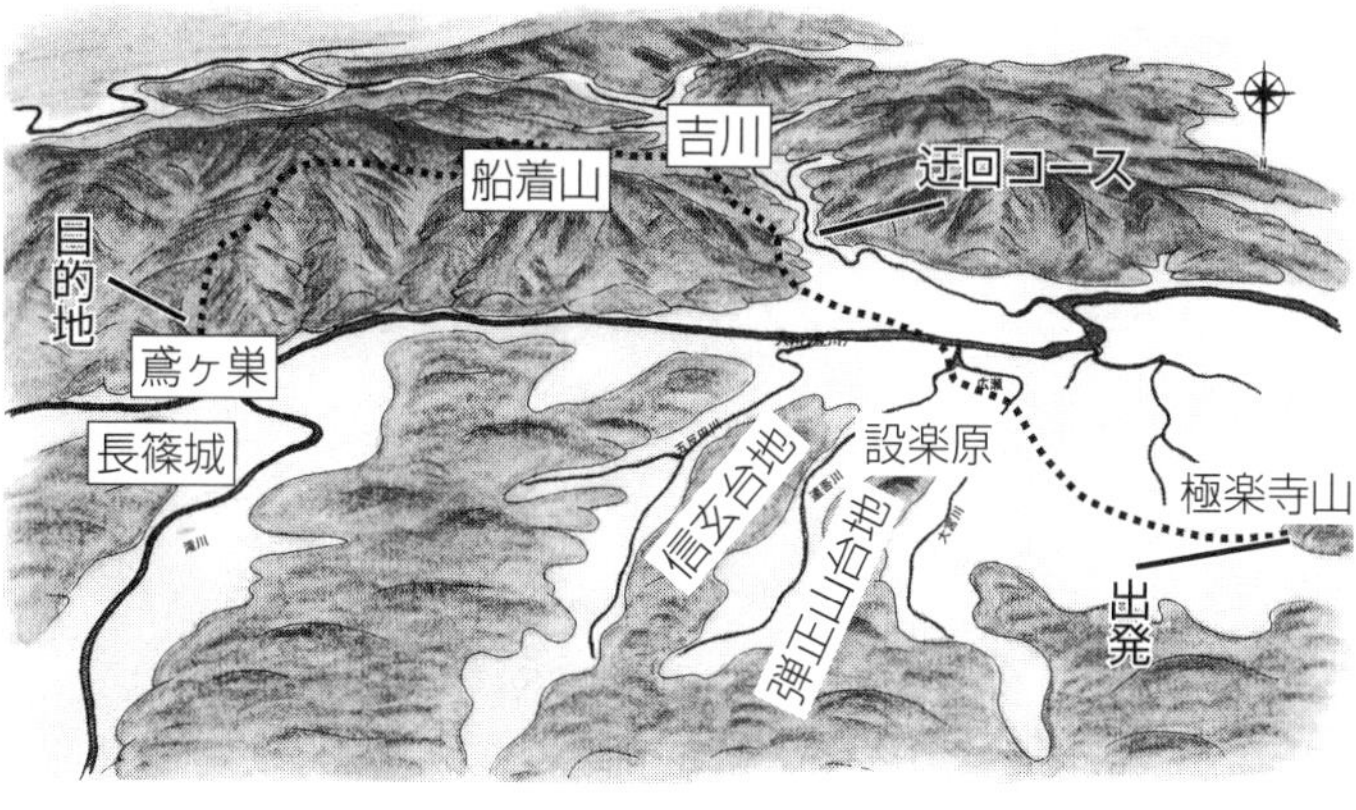

＊豊田藤助（秀吉）……地元の郷士、先祖は富永家臣で永正四年片山から移住（吉川）
＊阿部四郎兵衛………地元の郷士、粟世村（現豊根）熊谷家の娘婿（乗本）注3
＊奥平監物…………美作守貞能、長篠城主貞昌の父（当時は岡崎か浜松か）
＊菅沼新八郎定盈……野田城主、西郷氏・設楽氏と共に野田方三人衆

豊田藤助・近藤秀用・阿部四郎兵衛を中心に菅沼定盈・奥平貞能が加わって大部隊の道案内をつとめた。『信長公記』のいう四千人は多すぎるように感じるが、五百の長篠城を一万五千の武田軍が二週間かけて落ちなかったのだから、攻撃側として特に多い数字とはいえない。加えて、武田軍の後方を脅かす役割からも、ある程度の部隊規模が必要である。問題は難所を大部隊がどう通過するか。第一は、川幅五〇mの広瀬の渡渉である。第二は、最大の難関で、船着山迂回の松山峠越えである。

広瀬の渡りは夜半か？

多くの文献が、別働隊の広瀬渡渉を夜になってからだという。

・「戌の刻」（午後八時頃）…『信長公記』
・「夜中」…『当代記』『譜牒余録―奥平美作守』『長篠日記』『菅沼記』
「夜間の渡河」に触れていないのが、『家忠日記増補』（大雨を凌て河を渡り）・『菅沼家譜』・『寛永系図伝－酒井忠次』等である。

梅雨時の闇夜に、武器を持って大河を渡ることは、いくら浅瀬の「青石の瀬」（広瀬の渡し）でも考

コラム⑬

戦国街道ラン（その一）

中嶌美明（新城強右衛門クラブ代表）

朝の四時、今日のランナーが集まってくる。これから、長篠城の使者が走った六五㎞のマラニックがはじまる。今年で十七回、毎年、ここを楽しみにしているランナーは五十名を越す。五回目は、往復の全行程を走りきって鳥居強右衛門の心境に迫った。

5：30　まだ明け切らぬ岡崎城をスタート。しばらくは、城下の町並みを走り、一路宮崎に向かう。右側に男川の流れを確かめながら走る顔は、命をかけた戦国の使者とは一八〇度の隔たりがあるが、何故か先人の一途なものが伝わってくる…感じるのだ。この時期、春の草木は一斉に若葉を伸ばし、花を咲かせて私たちを楽しませてくれる。休耕田のレンゲ草、山腹の桐の花、途中の山菜無人販売所、どれも村里をマラニックする楽しみである。

二五㎞地点　額田《ぬかた》の宮崎小学校付近までくると、上りも次第にきつくなる。くらがり渓谷まであと三㎞。そこからの上りは天下一品厳しい。エイド・ステイションの休息だけを楽しみに、ひたすら上る。山道を抜ける風が心地よい。上り最後の休息所は本宮山スカイライン口である。

平坦な高原の道　作手道に入ると「道の駅」を経て、国道三〇一号を走る。しばらくは平坦で息がつける。アジサイ広場から野郷を通過。強右衛門が「野郷を通った」という伝説の場所を確認しながら走る。

宮崎から田原坂の登り

えにくい。渡河は夕刻、明るい内であろう。[注4]
・五月二十日の月の出は遅く、夜半である。梅雨の時期、大集団の暗夜の渡河は無謀である。
・篝火も用意されるが、直ぐ向こうの下川路には武田軍の動きがある。灯りは小規模になる。

『徳川実紀』は「五月雨つよくふりしきりたる夜にまぎれて広瀬川を渡り」と記し、『日本戦史―長篠役』には「郷ヶ原ノ東ヨリ大雨ヲ冒シテ豊川ヲ渡リ」とあるが、大雨ならば渡れない。すぐ増水するのが豊川の特徴である。

当時の天気が記されている『多聞院日記』によれば、五月の十一日と十五日が大雨、雨乞いをした十八日は「雨下、珍重々」、二十一日「少雨」という。奈良の天気は普通一日遅れでこの地方にくる。梅雨時で水量のある時期、闇夜の渡河は考えにくい。これらを勘案すると、『信長公記』の「戌刻、のりもと川を打越」は渡河完了の時刻であろうか。

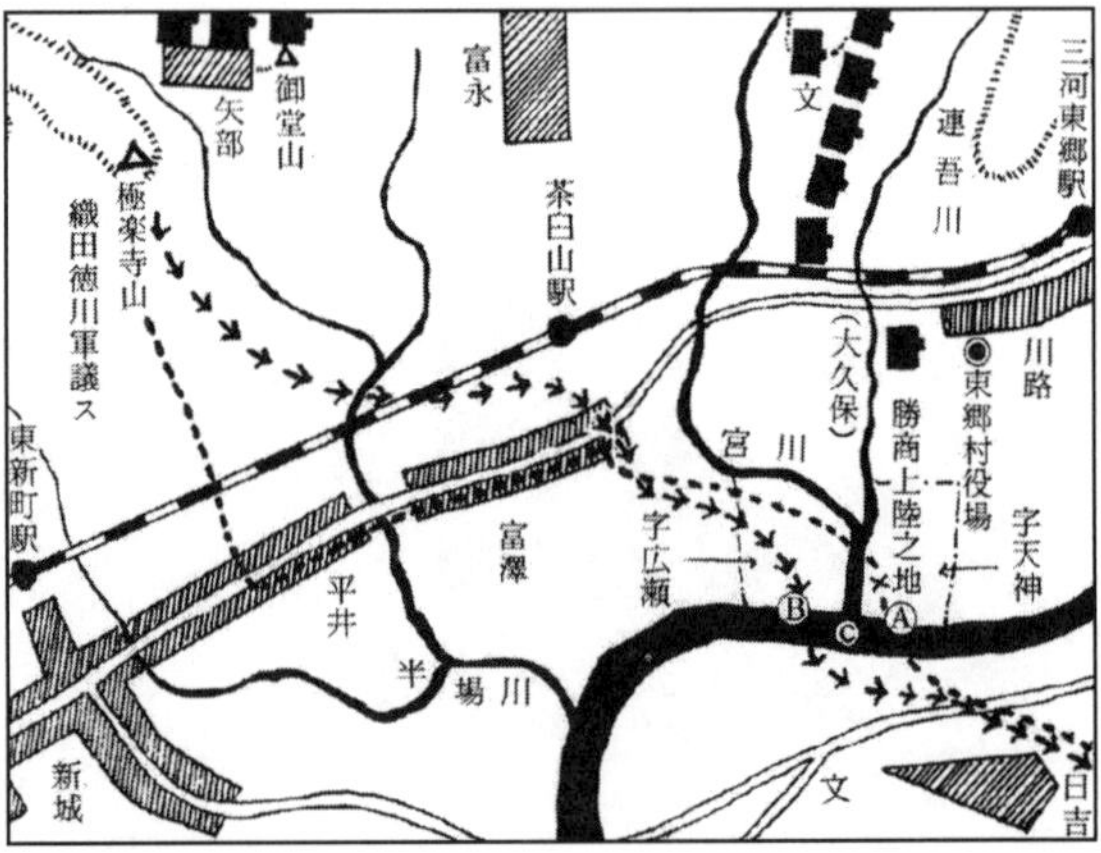

吉川村経由で船着山を迂回

広瀬で豊川を渡り塩沢にでると、別働隊は地元の設楽越中守貞通の一隊を豊川沿いに上流の樋田《といだ》（船着山直下）に向かわせた。別働本隊の鳶ヶ巣攻撃で川沿いに落ちてくる武田兵を遮るためである。

土地勘の要るこの役目を設楽氏に命じたのは自然である。万一、武田の奇襲隊が川沿いのこの道を通って連合軍の背後に回るという場合にも、この地の設楽氏ならばどこからでも家康本陣に連絡の手を持ちえたからである。注5

設楽隊と別れた別働本隊は、塩沢《しおざわ》峠を越えて根引《ねびき》川（大入川）沿いに二十町ほど暗夜の遠州道を進む。現在の日吉《ひよし》神社の辺で左へ折れて脇道を松山観音堂に向かう。一時間強の道のりである。

松山越え迂回コース

別働隊がどこを通ったのか、平成十五年の実地踏査の記録を記す。注6

①吉川公民館（出発九時）→松山観音堂（所要時間：二五分＋待ちの時間）

・里道は直ぐ細い山道になる。途中から林道に出てまもなく「松秀山円通寺千手院址」に着く。

・奇襲隊先陣はここで後続を待つ。甲冑を脱いで背負い、険路に備えた場所。

②松山観音堂→松山峠（所要時間：二五分＋大集団の時間）

・観音堂を出ると道幅は一遍に狭くなり、急坂になる。一列縦隊で右に曲がり左に折れて峠をめざす。夜半、暗闇のつづら道の登りは四千の部隊にとって最大の難所である。

③松山峠→鎧平《よろいだいら》（菅沼山）（所要時間：三〇分＋武装時間・朝食）

・峠を出発すると道は山の北斜面に下り、山腹の道を通って右に進む。

・一本松を過ぎてまもなく、平坦な鎧平にでる。ここで武装を整えた。

④鎧平→牛蒡椎山（ボボジイ山・保々祖父山とも）（所要時間：三〇分＋）

・鎧平からは、奇襲目的地の遠い順に出発し、作戦開始が同時にできるよう調整した。

・ここからは道も北斜面になり、鳶ヶ巣を意識するが行程はまだかなりある。

⑤牛蒡椎山→天神山→鳶ヶ巣山（所要時間：五〇分）

・牛蒡椎山を出てしばらくすると急な下りになるが、「天神山」が近づくと一端なだらかな尾根道になる。天神山の看板で中山・久間方面は左へ進み、鳶ヶ巣・君ヶ伏床方面は右の尾根筋を下る。鳶ヶ巣へはまだ一km、君ヶ伏床までは二kmはある。

・踏査隊九人の隊列はばらけ、先頭組が鳶ヶ巣へ着いたのは一三時二五分。

◎観音堂からの所要時間は、およそ三時間五分（鎧平での昼食・休憩時間を含めて）である。今回の他に、昭和八年の柿原明十報告と現在の舟着小卒業報告があるので、概略を記す。注7

広瀬の渡し

コラム⑭

戦国街道ラン（その二）

中嶌美明（新城強右衛門クラブ代表）

作手道の後半は、比高差四〇〇mの下り坂である。野郷をすぎて戸津呂《とづろ》の集落に近づくと、最初の急坂で高原は谷合の南部地区に入る。

戸津呂坂から本宮山坂へ　戸津呂の坂を下ると谷の斜面をぬうようにしばらく平坦な道を走る。和田の集落をぬけると三〇一号の最後の上りになるが、峠は近い。ここで本宮山スカイラインを右に見て、峠道は比高差三〇〇mを一気にかけ下る本宮山坂である。

この下りで残るパワーを使い切ってしまうランナーも少なくないが、眼下に広がる新城方面のパノラマ風景はたまった疲れを吹き飛ばしてくれる。

鉄炮の古戦場へ　国道を使って強右衛門より一足早く「設楽原」古戦場に向かう。馬防柵や丸山を横目に、最後のエイド・ステーション新城総合公園をめざす。ここで走力の時間調整をしながら一休み。疲れは最高潮だが、大海の町から長篠橋を渡れば、救援を待つ長篠城はすぐそこである。

無事、長篠城へ　戦国の使者鳥居強右衛門はわが城へたどり着くことはできなかったが、私たちの戦国街道ランは、長篠城主ならぬ新城市長に「全員無事完走」の旨の口上を告げ、苦しくも楽しい一日が終わる。戦国ランを始めて十七年、四十三の壮年は六十を越した。後継問題は戦国も同じ……。

柿原明十報告

・設楽原から観音堂まで二時間五分、堂から峠上まで二三分
・峠から菅沼山出発まで二時間（甲冑着用と朝食）、菅沼から鳶ヶ巣へは五〇分
◎観音堂から鳶ヶ巣への所要時間は三時間一三分

舟着小報告

・観音堂から峠へ二六分、峠から杉立へ五六分（小作業含む）
・菅沼・牛蒡椎山を経て峠山入り口へ五四分
・大平方面への林道に出て鳶ヶ巣へ一時間二〇分（途中昼食・休憩）
◎観音堂から鳶ヶ巣への所要時間は三時間二九分

三報告は鳶ヶ巣到着で終わるが、別働隊の迂回所要時間には、大部隊故の余裕・闇夜のロス・攻撃直前の手筈時間の三点を追加する必要がある。これらを勘案して逆算すると、観音堂出発は遅くも午後十時、そのための広瀬渡河完了は午後八時まで。これなら、何とか日暮れまでの渡河になる。

3　暁の急襲

配置を終えた酒井別働隊が鳶ヶ巣の各砦攻撃を始めたのは、「暁」と記すものが多い。

・辰の刻（八時頃）『信長公記』

・卯上刻（六時前）『譜牒余録－奥平美作守』
・未明（暁）『当代記』『寛永系図伝－酒井忠次』『長篠日記』
『譜牒余録－松平下総守』『徳川実紀』
『信長公記』は、鳶ヶ巣記述に続けて「信長…高松山（に披取上）」と、総大将の最前線移動を記している。この記述の順を、〝奇襲開始を確かめての信長移動〟と読めば、後段の「日出より…未刻まで」から、鳶ヶ巣突入は「日の出」になる。

五砦の急襲

五砦の武田守備隊
・久間……和気善兵衛宗勝（今川旧臣）、倉賀野淡路守（上州）、大戸民部直光（上州）[注9]
・中山……名和田兵部、飯尾弥四右衛門助友（遠州浪人）、五味与惣兵衛（越前浪人）、名和無理之助宗安（遠州浪人）→新東名工事で中山は消える（建碑：梶村昌義氏他）
・鳶ヶ巣……武田兵庫頭信実（守備隊長）、小宮山隼人助→石標「武田兵庫頭陣地」
・君ヶ伏床…和田兵部業繁（上州）、反町大膳→石標「和田兵部陣地」
・姥ヶ懐……三枝守友、三枝守義→石標「武田浪人組陣地」石柱、塚「三枝戦死の地」
急襲はほぼ同時に行われたと思われるが、『菅沼家譜』は次のように記す。

旧暦5月21日の暦[注8]
日の出　4：39→入り19：08
月の出　23：07→入り10：53
夜明け　4：01→日暮19：45
・データは、2013年の新城の時間である。
・月の出・入りは、1日の違いが大きい。
20日の月の出は、22：33。

・牛蒡椎ニテ勢揃、高塚山ノ峠ヨリ攻下ル、敵雖（も）拒戦、無左右、鳶カ巣・君カ伏床・姥カ懐・中山ニ篭タル敵ヲ追散シ、武田兵庫信実ヲ始メ、三枝勘解由左衛門守友…等討死ス、其外敵敗北シテ乗本・久間・大野ノ方エ逃行、如案樋田・伊原・陣場エ大勢走往、於是越中以弓鉄炮追掛討取[注10]

鳶ヶ巣の武田守備隊は壊滅したが、『譜牒余録－奥平美作守』は、「（武田方）二千余人討死…味方も手負死千人御座候」と、双方が激しくぶつかった戦いだという。

夜明けの鉄炮の轟音は、いち早く信玄台地の武田軍本隊を襲った。武田布陣の背後に上がった鳶ヶ巣の火の手は、彼らに織田・徳川との正面対決しか道のないことを知らせていた。『信長公記』の「辰刻取上」は、奇襲の大勢が見えた「敵陣之小屋焼上候」の時のように思われる。

地元に残る鳶ヶ巣伝承を、三点記す。

伝承1　鳶ヶ巣砦守備隊の五味与惣兵衛の「藤谷《ふじや》塚」二説

①五味与惣兵衛の首は武田勝頼本陣近くの藤谷まで運ばれ、そこに塚が建てられた。

②中山砦から遁れて本陣に来た。総大将勝頼が退却するとき、敵を引き受けここで討死した。

伝承2　武田信実の遺命、「鷹を贈れ！」[注11]

・討死の迫った信実が、愛用の鷹を、「敵ではあるが同じ鷹好きの家康に贈れ」と部下に命じたという。『設楽原戦史考』の牧野文齋は、甲府時代の信実に以前奉公していた家康の旧家臣が帰参を許されて三河に帰るとき、「信実が鷹を持たせた」という話を無理に付会したものと、出典に異議を唱えている。鳶ヶ巣陣中は考えられないが、信実の子「川窪信俊」が後年、家康に仕えた経緯をみると、人としてのやさしさをどこかに伝えている。

伝承3　松平伊忠の覚悟[注12]

・この戦いで戦死した唯一の連合軍側武将・松平伊忠の参戦覚悟が、『家忠日記増補』に記されている。「戦いに先立って、伊忠はわが子又八郎家忠を陣中に呼んでいう。この戦、力を尽くすが敵が上回れば自分の討死もある。その時は、家康公に仕え家名を継いで忠義を尽くせ、と。その時〝同行して父を助けてこそ〟という家忠に、〝父子共に死して家を断つは大不孝〟と諭し、自分の家臣を何人か家忠につけ、親子は別れた」

・戦場に向かう親子のごく自然な気持ちがある。砦急襲で勝利した伊忠は対岸の有海原に逃れた敵を追った。大海の入り口あたりで前後に武田軍を受けた伊忠一行は、残らず討死となった。

　それから二五年、父の年を越えた家忠は関が原の緒戦となった「伏見城の戦い」で大坂城方の西軍に囲まれて討死した。伊忠・家忠親子二代は、家康にとって最重要な二つの決

戦の前哨戦でそれぞれ命を落とし、家康の天下取りを陰で支えた。その家忠の曾孫が、徳川創業史である『家忠日記増補』をまとめた。

注1　新城市上平井字円の平にあり、奥平氏の築城という。遺構はない。江戸時代、恵比酒方村。
注2　『菅沼家譜』は「天正元年八月…家康公吉河筋待有退散、可討之兼謀之（武田軍）」と記している。
注3　阿部四郎兵衛に三説あるが、案内者としては、乗本村の四郎兵衛であろう。
①『寛政諸家譜』のいう碧海郡宗定（現豊田市）の城主「阿倍四郎兵衛忠政（大久保忠次の次男）」
②『菅沼家譜』の「自御旗本為検使被副阿部四郎兵衛定次」
③『熊谷家伝記』のいう熊谷直清の娘婿「乗本村郷主阿部四郎兵衛」、『長篠日記』はこの系統
注4　図は『郷土：一〇七号』「鳶ヶ巣奇襲隊の渡河地点」（川合重雄）の渡河地点図による。
注5　設楽氏は川路城・岩広城を本拠にした設楽原の古い豪族で、地理地形を熟知している。コース⑮を参照。
注6　『設楽原紀要：第7号』の「設楽原レポート」（熊谷昇吾）による。
注7　柿原報告は『鳳来町誌―長篠の戦い編』に、舟着小報告は織田昌彦氏の「松山越（ＤＶＤ）」によった。
注8　データは、国立天文台天文情報センター「暦計算室資料」によった。
注9　倉賀野氏（五十騎）・大戸氏（十騎）が、他の西上野衆と別行動である。当時、倉賀野氏に内紛があった。
注10　「樋田・伊原・陣場」は船着山直下（川沿い）の設楽隊の布陣場所。
注11　・「武田信実の鷹」の逸話は、『長篠日記』の林本系統による。「室賀入道の鷹」は同全写本が記す。
・川窪信俊が家康に仕えた経緯は、信実の菩提寺である輪禅寺（埼玉県小川町）資料による。
注12　・『武徳大成記－巻九』にも同内容が記されているが、『菅沼家譜』『長篠日記』にはない。

コース⑬

「長篠城」救援の使者の道

落城の迫る長篠城から、救援の使者二人が無事城を脱出した。

1 使者を立てる―強右衛門と金七郎
2 使者の行先とその道筋
3 使者のその後

今泉研吾、今泉義一、夏目利美

城を抜けた使者はここから豊川を４㎞余下る

1　使者を立てる—強右衛門と金七郎

武田軍の猛攻が続く長篠城は、二週間にわたる籠城戦で次第に追い詰められた。『信長公記』に「金ほりを入、既二之丸へ…五日十日之内ニハ可為落去」とあり、本丸近くまで攻め込まれた。[注1]

若き城主奥平貞昌も、万一の場合の落城を覚悟していた。二年前の野田城も、一年前の高天神城も救援は得られず武田の前に城は落ちた。だが、今回は主の徳川家康から「必ず援軍を送る、同盟の織田軍からも」と聞いており、城からの使者をいつ送るのか、貞昌は計っていた。

(1)　使者を立てた事情—「兵糧乏しく」ではない

長篠城が使者を出した事情について、多くの文献が「兵糧乏しく」をあげている。

これに対し、牧野文斎は、「実戦わずか四日にして守将貞昌が早くも悲鳴を挙げ、救援を叫びたりとは…信じ難き」と兵糧説を否定し、「〝籠城の様態、つぶさに申上ぐる〟の一語に尽きる」という。

・兵糧の不足…『譜牒余録（奥平美作守）』『家忠日記増補』『武徳大成記』『長篠日記』
・城内の窮状…『三河物語』『寛永諸家系図傳 - 奥平信昌』　＊次頁は『三河物語』原文と釈文

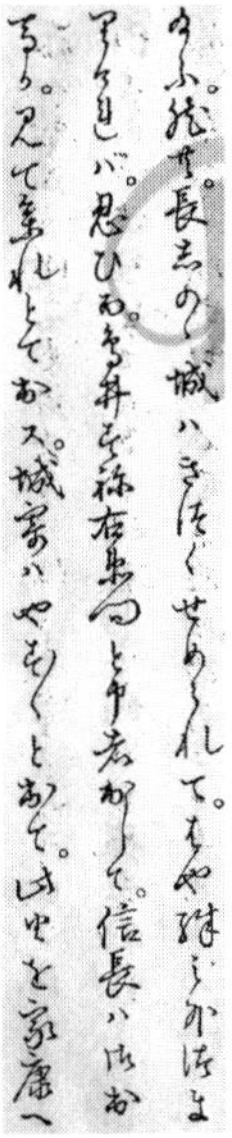

…長篠の城は、きつくせめられて、はや…
つまりけれバ、忍びて鳥井…信長ハ御出馬
か見て参れとて（使者を）出ス…[注2]

事実、二か月前に信長からの三百俵（『当代記』）が城に届いている。当然、城自身の準備もある。使者派遣にふみきった城主の依頼に、当初多くの家臣が「（使者として出た後、落城になれば生き残る自分は）末代までの恥辱」と言って使者の役を受けなかった。その時、進み出たのが雑兵の鳥居強右衛門であったという。この鳥居強右衛門に対して、同行の鈴木金七郎は「生きて」役目を果たした。

(2) 使者に三説

江戸期の文献は、この使者について三様の書き方をしている。

①強右衛門単独使者：『三河物語』『信長記』『家忠日記増補』『寛永諸家系図傳－奥平信昌』

②強右衛門・金七郎の二人使者：『長篠日記』『広祥院文書』『四戦記大全[注3]』

③強右衛門が先、金七郎は後の使者：『武徳大成記』『四戦紀聞』

『信長公記』『松平記』『菅沼家譜』『当代記』などは、使者の記述がない。

この三様の中で籠城の当事者である奥平家の記録『寛永系図伝―奥平信昌』は、使者が一人である。

・同十四日…同夜信昌一封の書をしたためて、父貞能方へ遣さんとす、たれかよくしのび出てゆか

んや、といふ、ときに鳥居強右衛門といふ者これを諾して…（信昌は貞昌のこと）
ところが、同じ奥平系といえる日近《ひぢか》の『広祥院《こうしょういん》文書』は、二人同行を記している。注4

・（武田の大軍に囲まれたが）…此時大功ノ忠臣剛勇ノ者ナレバ、両人滝川ノ水底ヲクグリ、岩石ノ道ナキ山谷ヲ越、一人ハ作手城エ急難ヲ告ゲ、一人ハ岡崎城エ至リ、家康公ニ御救ヲ願ヒ…

また、地元の記録『長篠日記』も二人同行である。注5

・鳥居強右衛門勝商進出、某、君命ニ替リ、諸卒ノ急難ヲ可救由申上ル、九八郎其志ヲ感シ、サアラバ何卒忍出注進スヘシ、乍去一人ニテハ心元ナシ川上村ヨリ出シ鈴木金七コソ水練ノ達者也…是ト共ニ今夜城ヲ出…

この三様の中で、「使者は二人」と考えている。理由は、地元の熟知である。

・水量の多い梅雨時の豊川を熟知し、暗夜に三㎞ほど泳ぎ下るだけの水練の達者であること
・豊川の広瀬に上陸してから岡崎の家康を目指すために、この近隣の地理に明るいこと

川をどこで上がるかは、最初の難関である。金七郎の生家（川上村の鈴木家）子孫の鈴木寿一郎氏によると、同家はその日を次のように伝えている。

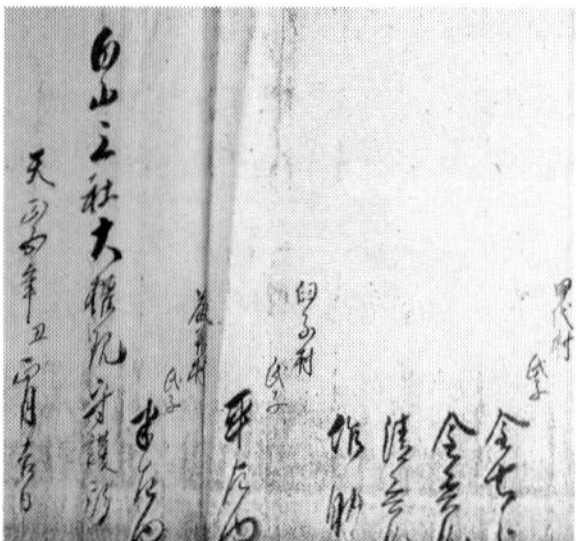
川上白山社の「宮座の覚」

・金七郎は広瀬で川を上がり、生家の守護神白山社に使命達成を祈願し、腹ごしらえをした。そして狼煙の資材を背負って山に登り、「田代《たしろ》から作手を抜けて岡崎へ」といって出かけた。
・途中、かんぼう山の中腹「のたば」で狼煙をあげた。そこは川上村と夏目村の入会山で、金七郎も馴染みのある場所である。狼煙場は「涼み松」ともいわれるが、そこは逆戻りになる。
＊前頁の文書は、川上白山社の「宮座の覚」で、金七郎の名が見える。

強右衛門一人使者の場合も、同様の伝承が『作手村誌』に記されている。
・狼煙をあげて一息ついた強右衛門は、竹川宅で湯づけを食べ、馬を借りて出かけた。
・途中、「市場の妻の在所へ寄っていく」、といっていた。（作手荒原《あわら》の竹川司家の伝承）
「市場の妻の在所」について、地元「作手市場《いちば》地区」では、亀山城近くの紅谷家で、昭和のはじめ頃までは子孫が住んでいたという。

(3)「先の使者・後の使者」の二人説
同行ではなく、別々の二人説がある。先の使者は十四日に城を出て岡崎に、後の使者は十八日に城を抜け設楽原の弾正山（家康布陣地）へ向かったというもので、『武徳大成記』等の記述である。

最初の使者強右衛門が城内の窮状を訴えたのに対し、二回目の使者は鈴木金七郎で、「（勝頼急ニ攻ハ城中）鐘ヲ鳴スヘシ」（だから、急いで合戦を始めなくてもいい）の書を届けたという。

『四戦紀聞』系である『四戦記大全』の記述は、その中間の感じである。「権現様」等家康表記の神格化とともに鳥居の功績も際立っていったようである。このことと関連するかどうか分からないが、明治から昭和初期にかけて地元でまとめられた戦記は、殆どが「先・後の二人説」である。[注6]

・江戸期の文献を詳細に検討した牧野文齋、『日本戦史長篠役』の編集に協力した皆川登一郎、金七郎の子孫になる鈴木準一等の記述は、一様に第二の使者「鈴木金七郎重正」を記している。

・明治三四年企画の『南設楽郡誌』は、二人同行について、「一ニ此時定昌勝商ニ附スルニ鈴木重正ヲ以テストアリ、此説多ク世ニ伝フレドモ符号セザル点少カラズ、殊ニ其進退不明瞭ナルヲ以テ暫ク此説ヲ却ク」と述べている。

「暫ク」の語に説明はない。「己を捨てて城中五百の命を救った強右衛門」という世評の中では、金七郎同行は取り上げにくかったのか。

2　使者の行先とその道筋

武田軍に厳しく包囲された長篠城から脱出した使者が、脱出成功を知らせる狼煙をあげた場所がいくつか記されている。

・向ノ山　『譜牒余録‐松平下総守／奥平美作守』『三川記』

・舟着山　『小野田本』に「一説、舟着山ト云」の注書き

かんぼう山に上がった狼煙

・カンボウ峠　『長篠日記』の全写本

「これから目的地に向かう使者」が、城から近い所で合図の狼煙をあげる危険は冒さない。その点かんぼう峠なら安心して揚げられる。問題は、使者がどこを目指したのかになる。

「岡崎」を記す文献…『家忠日記増補』『譜牒余録－奥平美作守』『長篠日記』『広祥院文書』等

『三河物語』の場合は、はじめ野田の家康を訪ね、次に岡崎の信長に向かったとしている。『寛永諸家系図傳－奥平信昌』は「父貞能方へ」として、場所を示していないが、十四日夜出て十六日夜明けには城外へ戻っているので、日程からみて「岡崎」とも読める。

家康・信長がそろっている岡崎に使者が到着したというのは偶然すぎるが、籠城の長篠城として〝救援の使者を岡崎へ〟は事前の決め事であろう。吉田城では武田軍の攻撃が心配され、浜松では信長との連絡が遅くなる。家康の所在にかかわらず、まず「岡崎へ」は、よりベターな選択である。

岡崎へのルート

設楽原からかんぼう山を越えて作手に入れば、金七郎も強右衛門も二年前までは作手を本拠とする奥平家の家臣であり、岡崎への道筋は当然承知していたはずである。『作手村誌－平成二二年版』によると、次の二つのルートが近道だという。

尾根道：千万町ルート

かんぼう峠→作手荒原→作手杉平→作手市場→千万町《ぜまんじょう》街道→道根《どうね》往還→岡崎城

・強右衛門の妻の実家（作手市場）に寄って食事をした。
・明治の猟師であった斉藤薫氏によれば、この道が岡崎への最短路。

山裾道：樫山ルート

かんぼう峠↓作手田代↓作手杉平↓作手野郷《のんごう》↓牧原《まきはら》↓樫山《かしやま》↓岡崎城
・この道は樫山以後が山裾の街道を行く点、目立ちやすい。
・亀山城を放棄した奥平氏にとって、市場ルートは通りにくい。
作手から岡崎へ、使者がどの道筋をとったのか、現在定説といえるものはない。

3　使者のその後

岡崎で無事役目を果たした二人のその後の道筋が、生死を分けた。
◆鳥居強右衛門は、長篠城に一刻も早く「援軍来る」を知らせんが為、同じ道での帰城を目指した。かんぼうの「涼み松」で、〝援軍来る！〟を狼煙で知らせると、山を下り城へ入る隙を窺うところを捕らえられた。死を覚悟した強右衛門は、投降を進める武田側を利用して大音声で「織田の援軍」を伝え、命を落としたが役目を完成させた。（『寛永諸家系図傳‐奥平信昌』他）
◇鈴木金七郎は、帰城の困難を考え、城主の父貞能への報告の道を選んだとも、援軍の道案内をかねながら設楽原に帰還したとも言われるが、具体的に記すものはない。

コラム⑮

天正を伝える池

森谷茂之（天正の池改修委員）

国道一五一号線の竹広交差点すぐ横に、地元で「首洗い池」と呼ぶ池がある。慶長の記録という金子藷山の『戦場考』では「東弾正山血洗池」と記され、江戸後期の『参河国名所図絵』の挿絵では「刀洗池」、本文では「首洗ひの池」と、呼び方は様々であるが戦国のつらい歴史を伝えている。

私たちが小さい頃の「首洗い池」は、今の敷地の大部分が池で、呼び名も「いけんどう」と言われ、「えんまさま」と並び、遊ぶには事欠かない場所であった。

首洗ひの池　信玄塚道の右手に在、長篠合戦戦死の首を、此の池にて洗ひしとぞ（『参河国名所図絵』）

昔から、「首洗い池」の水は赤く濁って澄んだことがないが、それは亡くなった人の怨念が込められているためだといわれてきた。このあたりではこの池にだけ群生していた「ヒシ」の実を、子どもたちは角のある鬼に見立てて戦国を垣間見る思いで遊んでいた。

池は灌漑用にかなり早くからできていたようであるが、時期は不明。すぐ近くには決戦で倒れた無名戦士を祀る信玄塚の大塚・小塚がある。今、ヒシの実は見つからないが、トンボたちの楽園は変わらない。

使者としてそれぞれの役目をはたしながら、帰路、一人は敵方に捕らわれて極刑となり、「無比類」の賞詞を受けた。一人は当初の使命に、新たな任務を加えながらも、それなりの評価を受けることはなかった。

『長篠日記』の記した使者への評価

鳥居強右衛門

> 今度於長篠、亡父軽（刑）死之忠義無比類、互感云ニ不足、
> 依之其方雖為幼少、為加増五百貫文合八百貫文[注7]宛行者也
> 　天正三亥五月　　信昌　判
> 　　鳥居亀千代とのへ
> ＊此証文、…虚実不分明（小野田本：注記）

鈴木金七郎

「金七郎ハ代々奥平譜代ノ士ニテ参州川上村ヲ領ス、度々ノ武功アリ。故有テ信昌蒙勘気、関東エモ行ズ在所ニ引籠リ…」（林本・宗堅寺本）

有海の鳥居強右衛門塚

使者のその後

戦いが終わって、使者の影が日毎に遠ざかる中で、救援の使命に殉じた鳥居強右衛門のうわさはまたたく間に諸国に広がった。「城を救った強右衛門」の世評の片側で、「共に帰城」が果たせなかった悔いが金七郎を苦しめた。『設楽史要』が指摘するように、「命に代えて尽くした鳥居強右衛門」の働きは抜群の功績であるが、世評の大きさは鳥居強右衛門の本意をもこえていた。生きることが恥辱に

成りかねない風潮の中では、「生きて使命を果たした」金七郎が武士を生きることは難しかった。

戦いが終わって長篠城も一段落すると、金七郎は城主の許しを得て城をでた、その後の金七郎を、村人は次のように伝えている。

・城をでることは、百姓になることである。金七郎は川上村の生家を離れ、隣村の山深い大田代で土地を開き、農耕に励んだ。それから二十七年後の慶長七年、奥平貞昌の四男松平忠明が作手藩主として亀山城に戻ってくると、忠明は、田代に隠棲した金七郎に天正の功績を賞し、二百石を与えたという。

…それから四百年、大田代の鈴木家は金七郎の塚を守っている。

「命に代えても」…の風潮は、幕藩体制の江戸期から近代へと引き継がれ、戦争の時代の国民を鼓舞し続けた。それは、強右衛門や金七郎にとって、望むことではなかったように思えてならない。

右祠に「鈴木金七郎重正」
作手田代　鈴木正家の裏

注1　引用部分は、『信長公記』池田家本による。建勲神社本、陽明文庫本には、引用部分はない。

注2　この時点で援軍は約束されており、問題は時期である。「使者は→その確認」の意味が「参れ」に表れている。

注3　『四戦記大全‐参州長篠合戦記』は伊田時雄本、『四戦紀聞‐参州長篠戦記』は大坂府立図書館本による。

注4　・日近：日近郷（旧名之内村を中心に現岡崎市額田地区桜形一帯）、川沿いに作手中道が通る。

注5 ・『広祥院文書』は名之内の広祥院所蔵「開基奥平貞昌公御由緒」。「作手城エ急難ヲ告ゲ」の記述は疑問。

注6 『長篠日記』写本中、ここで「川上村」を記すのは小野田本である。

強右衛門の評判が広まるにつれて、同行しながら役目を全うして帰城した金七郎の立場は、記す側からも難しかったと思われる。『明治南設楽郡誌』の「暫」の文字は、三百年たっても変わらない世評への抵抗と読める。

・牧野文齋は、『設楽史要』で、使者の功績が鳥居強右衛門に片寄りすぎていると指摘している。

注7 「五百貫文」は、小野田本注記にあるように疑問。

救援の使者がたどった道

戦国ウォーク・コースガイド

上陸の広瀬の渡し（連吾川の河口）　＊起点・JR飯田線茶臼山駅〈約一・五km、三〇分〉

茶臼山駅から南へ↓旧国道一五一号線の信号交差点を左折↓一〇〇m先を右折してアメダス観測点を越え約四〇〇m南へ↓連吾川・大宮川合流後の河口付近が上陸地点（民有地は了解を）

鈴木金七郎ゆかりの白山社　＊起点・JR飯田線茶臼山駅〈約一km、二〇分〉

茶臼山駅から北へ↓駅北すぐの点滅信号機を左折二〇〇m↓次の点滅信号機を右折二〇〇m↓国道一五一号を横断して直進（新東名の設楽原Pが正面）↓川上公会堂で県道を横断して左折二〇〇m↓道沿いの民家が終わり、設楽原PAへの進入路正面の右端が白山社跡　＊徳川信康布陣の松尾神社、織田信忠の野辺神社は近い。ここから先（作手方面）は、かんぼう山の山道で案内が必要。

コース⑭

村人避難の道

高札で村の安全を約束した武士
自ら戦火を避けようとした村人

1　村人の避難先「小屋久保《こやんくぼ》」
2　勝楽寺僧の避難先「椎平《しいだいら》」
3　武田軍の「徳貞郷」高札

林道敏、山田哲男

あの年も今も古戦場に咲く“ササユリ”

1　村人の避難先「小屋久保」

天正三年、田植えが終わりササユリが咲いても、奥三河の雲行きは何か落ち着かなかった。五月半ば、連吾川周辺に織田・徳川の大部隊が姿を現すと、ただ事でない事態に村人は戦火を避けてかんぼうの山中〝小屋久保〟に避難した…と、地元は昔話を伝えている。

名前からくぼ地があり、少し下がると水の汲める流れもある。一時的ではあるが梅雨時のこと、草屋と呼ばれる簡単な小屋を建てて雨を凌いだのであろう。現在は、大正から昭和にかけての植林で、かなりの杉桧が立ち並び見晴らしはないが、当時は尾根に上れば「戦場の様子」が一望できたはずである。

出沢の「秋切《あきぎり》」

出沢奥の「秋切」は、江戸期の出沢村記録によると、浅木・下々・清井田・信玄・柳田・竹広六か村の入会地で、村人はしばしば飼料の草刈りや薪取りで利用し、毎年六か村から出沢村に秣代が納められていた。こうした普段の行き来・交流が、迷わずに〝小屋久保〟を選択させたのであろう。

小屋掛けできる窪地と近隣を見下ろす小高い丘（草鹿山）があり、仮住まいには格好の場所である。この「秋切」の一画が、村人の避難先「小屋久保」で、名前は避難以後と考える。

登り口は二つ

小屋久保への道筋は、外部のものには分かりにくい。登り口から、浅谷ルートと出沢ルートがある。

浅谷ルートを登る

①公民館から林道をめざす

・県道二一号線沿の浅谷公民館横から、左右に整備された段々畑を見ながら上り道を歩く。

・家がなくなると沢沿いの砂利道だが、ある程度道幅はある。正面に砂防ダムを見たら右に折れて、木立のトンネルをぬけるとかんぼう林道である。

約一㎞で四〇分。

②林道から登る

・かんぼう林道へ出ると正面左側に「小屋久保登り口―浅谷口」の案内看板がある。（下写真）

・雨風で荒れた狭いそま道を三〇〇mほど登ると尾根筋にでる。そのまま右へ一〇〇mほど下がると目的の小

屋久保である。約四〇〇m、二十分。

・尾根筋を左に行くと、作手の荒原から田代にでる。強右衛門や金七郎の道になる。

出沢ルートは？

①竜泉寺*から林道をめざす　＊出沢地区本村の寺、開基は文明の頃

・寺から根岸谷へ、道がよければ十分ほど、その上の山道が二十分位といわれているが、現在は道が荒れて通りづらい。

・そこで、七久保回りで林道の登り口へ行く。久保川橋から↓七久保林道へ、約四km七久保林道を左へとり↓小屋久保出沢口へ、約二km

②かんぼう林道から

・林道距離を示す「一八km標識」の柱に「新城市出沢字秋切一—二九」の記載がある。「一七km標識」の所に「小屋久保登り口—出沢口」の看板が立つ。(下写真)

・急斜面の山道を四〇〇mほど登ると、二十分かからずに到着する。道はかなり荒れているが、途中、矢印道標が三か所に立てられていて、分かりよい。

＊浅谷道に比べ、出沢道の方が道幅が狭い。

大海の「万人《まんじん》ヶ入《がいり》」

大海や有海の村人の避難先として、古谷文一郎の『大海拾史』（昭和九年）は両地区の間の「万人ヶ入」をあげている。ここは有海の小呂道に続く大海との境の高台で、三方を山に囲まれ東側の滝川沿いが入り口になっている。湧き水もあり、近場の避難所として、両地区住民の多くはここで戦火の治まるのを待っていたという。

2　勝楽寺僧の避難先「椎平」

川路の勝楽寺付近は設楽原決戦の主戦場のひとつである。東に武田軍、西隣すぐのところに織田・徳川軍が布陣して、いよいよ戦火の間近いことを悟った勝楽寺では、かつてない戦模様に本尊の避難を決断した。寺僧たちが避難先に選んだのが鳳来寺に近い豊川上流の「椎平」であった。現在の新城市玖老勢字井戸下で、通称は現在も「しいだいら」である。

滝川（豊川）にかかる椎平橋

「椎平」の選択

ここの住人がすべて寺の檀家であったからである。それは四百年前も今も変わらないという。

現在、椎平は、「広瀬」の姓が一戸、「玉井」の姓が四戸の計五戸で構成されている。豊川対岸の長《なが》楽《ら》地区にも玉井姓があるが、先祖は椎平という。これらの人たちは、もともとは勝楽寺と同じ川路で、川沿いの「広瀬」（小字名）に住んでいたが、ある時期「椎平」に移ったのだという。川路で勝楽寺の檀家であった広瀬一族の縁で、椎平の人たちの菩提寺も勝楽寺として受け継がれてきた。

広瀬一族は、設楽原の古くからの土豪設楽家の家臣で、設楽家の菩提寺も勝楽寺であった。設楽家につながる縁故が、寺僧に迷うことなく椎平を選ばせたのである。

寒狭橋から椎平方面（左側）を見る

隔絶の利点と避難の道

三方を急峻な山に囲まれ、開けた東側は大河という避難場所・隠れ場所としては最適な地形の椎平であるが、寺からはかなり離れている。

勝楽寺から下々・宮脇を経て浅木村・出沢村を抜け、豊川上流の滝川村に出る。ここまでは当時も街道沿いである。滝川からの道が、けわしく、分かりにくい。現在は、滝川上手の寒狭橋《かんさ》を渡って豊川左岸にでて国道二五七号線を車で五分ほどで右岸に渡る椎平橋につく。昭和五十八年の架橋以前は川辺の岩から伸びる潜水橋を利用した。更にその前は大水の度に引き上げる厚板の仮橋であった。

寺僧の避難路は、寒狭橋を渡らずに滝川道を右岸沿いに進んだと思われる。当時は本道であろう

コラム⑯

「信玄《しんげん》」の地名

牧野尚彦（牧野文齋家、長岡京市）

この地で戦ったのは武田勝頼であるが、合戦後四百余年の今なお地名に残るのは父・信玄である。動乱にあけくれた戦国の世に、ひときわその名の高かった名将武田信玄。設楽原で武田軍を敗走させた織田信長は、この機会を利用して「信玄、倒れる！」の周知を見込んだ。討死した武田将兵の塚を「信玄塚」と命名したと、甲州の文献もいう。

・『甲陽軍鑑（品14）』「信長家には…塚をつきて信玄墳と名付る事、是西国へのおぼえの為也」

・『東郷村沿革史』信玄台地に現在の村ができたのは、信州往還の新道開通と幕府の新切開墾の奨励があった慶安のはじめ（将軍家光の時代）である。「慶安二年（一六四九）柳田村より一戸、新下々村より五・六戸新道に沿ひ出郷す」

・元禄時代の記録といえる太田白雪の『続柳陰』は「信玄塚町　竹広・柳田両村ノ出村也。四十年ハカリ此方信玄ト略シ」

と記している。将軍家光に始まった鳳来寺道の改修と共に、「信玄」の町並ができていったことがわかる。

「信玄塚町」が「信玄」になってからでも三百年が過ぎた。この経過の一端を伝えているのが、信玄北坂の下り口にある庚申堂である。現在五十戸ほどの家並みが、戦国の匂いを残しながら新しい時代を迎えている。

が、現在それに近い道は、川沿いの発電所への道である。

・寒狭橋→横川発電所→水田の跡地「上滝」→水路管理道→椎平　五十分ほど歩いて椎平に着くが、道幅は狭く、起伏もある。発電所の管理下の部分が多く、普段は歩くことはできない。

避難先と武田の勢力圏

この避難で不思議に感じるのは、椎平一帯が武田布陣の後背地になることである。避難は里人で武田も徳川もないが、勝楽寺の大檀那は徳川方の設楽家である。設楽家は、この戦いでは、川路対岸の日吉・樋田で鳶ヶ巣砦の武田と対陣している。

椎平の住人は勝楽寺の檀家であるが、同時にこの武田支配地の里人である。近隣地区の塩ノ谷には武田の出城がある。寺僧を含めて住人に何がしかの好意が武田に対してなければ、避難は成り立たない。寺僧の椎平選択は、武田・徳川両勢力の交差する地域の実態であろう。

決戦の前年、設楽家で起こった内紛も、まさにこの問題であったと思われる。（コース⑮参照）

あれから四百年、勝楽寺の方丈は、今もお盆になると椎平の家を回る。盆供養の勤めである。このときの道筋は、もちろん椎平橋を車で通るが、橋を渡るたびに四百余年の昔が、頭をよぎるという。

3　武田軍の「徳貞郷」高札

村人が戦火を避けた「小屋久保」や「椎平」とちがって、侵入者が村の安全を保障しようとした高札が、武田軍の進入路にそって二つの村に残されている。一つは、『当代記』が記す「足助・作手」コースの場合と思われる「徳貞郷」（現在の新城市徳定地区）に関するものである。

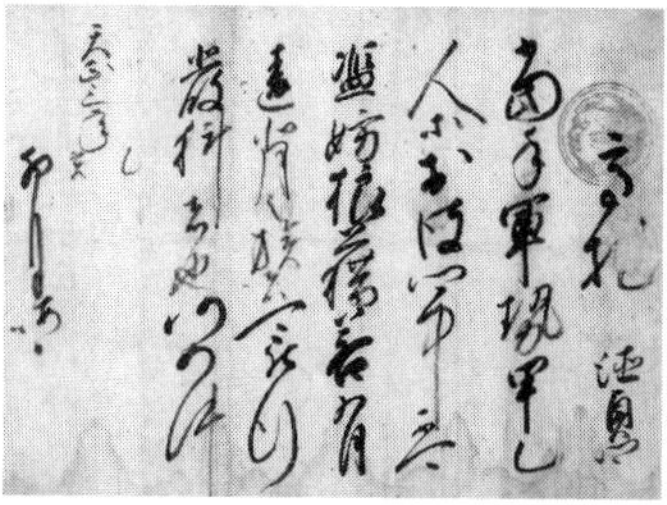

高札（龍印）　徳貞郷
当手軍勢　甲乙
人等、出役郷中、不可
濫妨狼藉、若有
違背之族者、可被行
厳科者也、仍如件
天正三年乙亥
　卯月晦日

高札：高札、制札、禁制、掟書等、発給者や内容によって様々な名前でよばれ、木札や書付の形がある。寺社や村が、戦火から自分の領域の安泰を確保するため、要請して相手方から受け取る。
龍印：武田勝頼を意味する「龍の字」の印章
不可濫妨狼藉：乱暴なふるまいをさせない
違背之族：そむき、違反する者
厳科：重い咎め

この高札（書付）は、武田領国に近い津具の渡辺俊也家に残されているもので、保存状況はいい。「徳貞郷」は、設楽原の西隣である。長篠城を囲んだ武田軍は、はじめ吉田、牛久保方面へ出撃しているが、その途中にあたるこの地は野田城に近く、武田軍進攻の最前線であった。

同じ時期の武田方高札が、静岡県引佐《いなさ》にある。「五月六日」付けの「渋川郷」宛てで、「山縣三郎兵衛奉之」と奏者を通している。「四月晦日」と「五月六日」の違い、奏者の有無は何を示しているのだろうか？

コース⑮

「設楽氏」の跡を歩く

「設楽郷」千年の歴史、そこに生きた設楽氏の跡

1 「したら」の地名と設楽氏

2 設楽氏の城館跡

夏目利美

原図　新城市基本図

1 「したら」の地名と設楽氏

「設楽」と書いて「したら」と読む。平安時代の「設楽神」「設楽歌」では「しだら」と濁るが、このあたりの地名としては「したら」で濁らない。

設楽の地名の初見は、平安時代の『和名抄』で、「割宝飫郡、置設楽郡」とあり、「之多良《したら》」と訓じている。その設楽郡の中心は、地名の残存と式内社石座神社の存在、中世における設楽氏の居城跡等から新城市の（設楽）東郷地区一帯と考えられる。まさに設楽原と呼ばれる地域である。

「設楽原」を含めて、この「したら」の地名としての分かりにくさは、「狭い設楽」と「広い範囲を示す設楽」の二通りの使われ方をしてきたことによる。

広い「したら」は、現在の北設楽郡と元南設楽郡の新城市（豊川右岸側）を合わせた地域で、『和名抄』の記述になる。狭い「したら」は、設楽氏の影響下にある地域を指しており、『松平記』の「野田　菅沼新八、志多ら　設楽甚三郎」によく現れている。当時、長篠の菅沼新九郎は武田方で、長篠が「したら」でない事は明らかで、その範囲は「野田と長篠の間」ということになる。つまり「したら」は、設楽氏の消長とともにその範囲を狭め、「設楽氏の」と呼べる限られた地域、設楽東郷と重なっている。

この地の豪族設楽氏は、「平安中期以来の（設楽郡の）在庁官人、郡司として諸書に名をとどめる

三河伴氏の一族で尊氏以来の足利将軍の近習（奉公衆）」という名家である。[注1]
戦国期に入り、室町幕府の権威失墜とともに設楽氏も没落し、台頭してきた今川・松平・織田の間で「風になびく葦」にならざるを得なかった。そのはざ間で起こったのが設楽家の内紛である。設楽の嫡男清政と姉婿貞通との争いである。

設楽氏の内紛…武田か、徳川か？

『設楽家系譜』に「神三郎清政　幼稚タルニ寄テ家康公ノ命ヲ蒙リ後見…其後、貞通ノ威力自カラ以テ神三郎清政ヲ推シ、傲然トシテ徳川公ニ奉仕ス、清政長ルニ及テ是ヲ憤リ、其後争論アリ、天正二戌年清政、伝来ノ系図…ヲ持テ武州ニ赴ク」とある。『寛永諸家系図伝』は「設楽　代々の家譜、参州の乱により是をうしなふ」と、貞通側が代々の系譜を失ったと記し、系譜と符合している。[注2]
設楽清政が関東へ走った天正二年は、奥三河の諸氏にとって悩ましい時期であった。信玄のいない武田と年毎に力をつけている徳川のどちらに組するのか、である。設楽氏としては、すでに『三河物語』が「東三河之国侍ニハ設楽ハ一番」と記すように、立場は家康方であったが、嫡男「清政」の成長が姉婿にとって新たな悩みをもたらしたのである。[注3]
改めて当主となった貞通の支配地は、その全てが対武田の決戦の場所となった。貞通は家康の地元部隊として、樋田に布陣してその役割を果したが、決戦を記す数多い戦記・文献に設楽氏のことは「樋田布陣」以外記されたものはない。大正期の牧野文齋ひとり、「設楽氏城館」の防備上の価値を指摘している。この城館めぐりは、古戦場における「設楽」の意義をさぐる一つの糸口なのである。

2 設楽氏の城館跡

設楽氏の城館は、新城市の東郷地区の中でも富永・富沢《とみざわ》・川路に集中している。

・大宮川中流の右岸段丘上に増瑞寺《ぞうずいじ》屋敷・**来迎松《らいごうまつ》城址**

・大宮川と連吾川に挟まれた台地の連吾川右岸に**川路城址**、その南一五〇mほどで**小川路城址**

・連吾川下流左岸で、小川路城の対岸にあたる**端城《はじょう》の跡**

・一つになった連吾川の豊川への河口から五〇〇m下流の豊川右岸高台の**岩広城址**（本城）

設楽氏の五つの城館は、連吾川・大宮川・半場川が刻む下流の断崖地形を利用して配置され、増瑞寺屋敷を最北端に、豊川を南端に一巡三㎞強の距離内にある。

□ 設楽氏城館コース〈歩くルート〉の概略

中世から戦国時代にかけて設楽原一帯を勢力圏に、周辺の諸豪族と連携しながらその将来を模索したであろう設楽氏の一端を実感するための道筋である。

＊起点　増瑞寺屋敷：国道一五一号新栄交差点（豊鉄バス車庫が目印）の東南一〇〇mに見える森

＊終点　端城の東三〇〇mの勝楽寺：設楽氏の菩提寺であり、設楽原決戦にかかわりの深い寺

見どころ1　増瑞寺の堀跡…鎌倉時代の堀（と見られている）

・境内の西側と北側に、竹林に囲まれた壮大な堀がある。
・増瑞寺から道沿いにすぐ南の来迎松城跡に向かう。

見どころ2　来迎松城の土塁…土塁の一部が残存し、当時としては市内最大級

・城跡内の飯田線を越えて南へ一〇〇mほどで旧国道を渡り、豊川岸の岩広城址をめざす。

見どころ3　岩広城の要害な立地…大手門跡から眼下に豊川の浅瀬が見える

・鳶ヶ巣隊の渡河地点であり、使者の上陸地点である。
・岩広城跡から東へ進み、広瀬橋で大宮川を渡り、ここから北へ進むと小川路城址にでる。

見どころ4　川路城館群

・連吾川と大宮川に挟まれた小川路の段丘に二つの城址がある。それぞれ川沿いの断崖に面して、中央構造線の破砕帯を活かした城造りである。連吾川左岸の端城もその一翼を担う。
・小川路城から北へ、田畑の向うに川路城址付近が見える。端城の跡へは旧国道まわり。
・旧国道を東へ進み、最初の市道を右折する。市道を南下して小川路城対岸の畑地が端城跡。
この地に千年余の歴史を持つ設楽氏は、一貫してこの大宮川・連吾川周辺を本拠として時代の波をくぐりぬけてきた。それを手助けしているこのあたりの地形である。

増瑞寺屋敷（構屋敷）〔新城市富永字原ノ内／旧設楽郡門前村〕

大宮川はこのあたりから、台地を大きくえぐりとって谷を形成していくが、増瑞寺屋敷は標高六二

ｍの中位段丘上にある。

・山門跡の碑…寺の正面右手に、「元設楽氏居館、旧御朱印地増瑞寺山門跡」の大きな石碑がある。

・「旧御朱印地」とあるのは、奥平家ゆかりということで将軍家から「朱印五石八斗」が付いたからである。奥平氏が新城に移る天正四年までは設楽家の居館の一つであった。注4

・境内は南北一四〇ｍ、東西は最長部で一八〇ｍ。『愛知県中世城館跡調査報告Ⅲ』は、「境内北と西に堀を残し…（下図）西側の堀が南に伸びた後、東に折れて段丘端に至り」と境内全体が城館だったという。

・残存する堀は、西側四五ｍ・深さ五ｍ・幅六ｍで、北側はやや大きい。東側の崖地部分を含め、増瑞寺の堀の雄大さに驚く。

来迎松城址（門前来迎松城）〔新城市富永字郷中・鎌屋敷〕

「来迎松」の名は、城の入り口に二本の松の大木があり、その間から朝日を迎えたからだという。江戸中期の『三河国二葉松』は、「門前村来迎松城　設楽越中守根城」と記している。

・現状はＪＲ飯田線用地で南北に分断されている。城跡の規模は凡そ八〇ｍ四方で、明治期には耕地となっているが土塁と堀があったという（『明治南設楽郡誌』）。

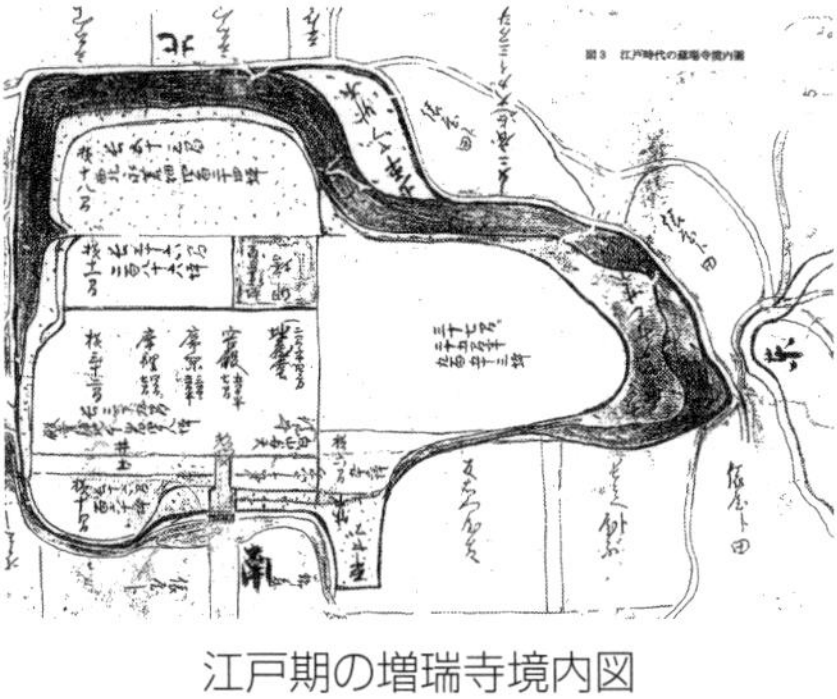

江戸期の増瑞寺境内図

来迎松城の残存土塁

明治三十一年の鉄道開通以来、開墾・土地改良工事などによって遺構の多くは損壊したが、東北部の一部土塁が残存している。東西一二m、南北（幅）六m、高さ三mの土塁の上に二基の宝篋印塔がある。大きい方は桃山期で設楽氏関係という。

・門前村の明治地籍図によると、大宮川に沿った低地は水田で、一段上の中位段丘にある増瑞寺や来迎松城周辺は畑である。戦い当時もこの傾向は同じで、ここは徳川軍後方部隊の待機場所として利用されたと思われる。

・また、鳶ヶ巣奇襲隊の出発用集結地として極楽寺や松尾山が挙げられるが、この増瑞寺・来迎松城ラインの方が移動面で無理がない。

岩広《いわひろ》城址（広瀬城・本城）〔新城市富沢字破城／設楽郡旧岩広村〕

設楽氏の城館群の中では、最南端に位置し、地元では「本城」の名で呼ばれている。大きく蛇行する豊川本流と支流の半場川・光佛川《こうぶつがわ》にはさまれて半島状に

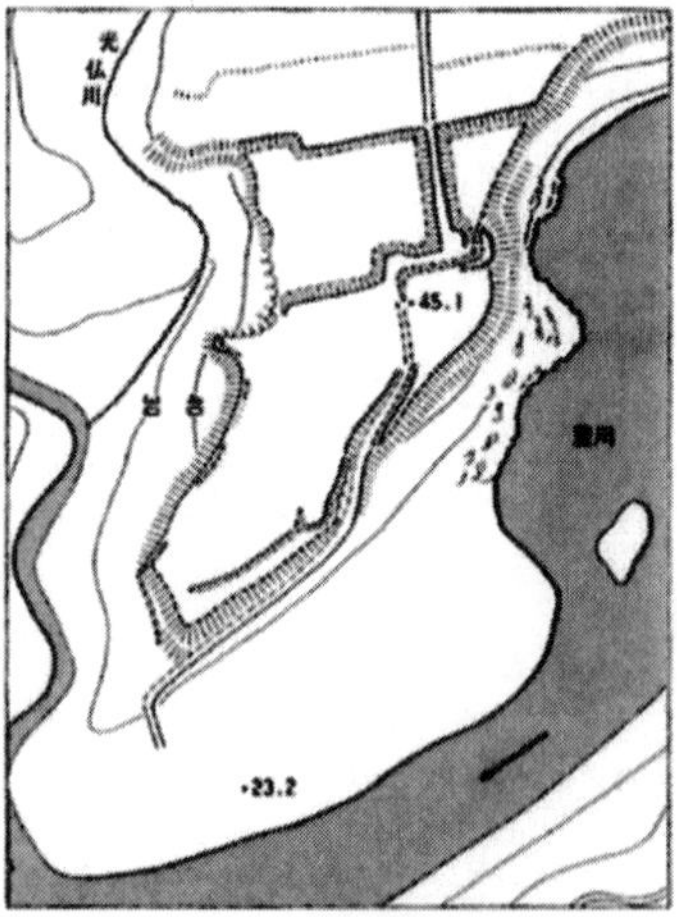

岩広城縄張図

コラム⑰

設楽陣屋の井戸

夏目勝吾（竹広陣屋跡の一角に住む）

大宮川と連吾川の流域に、いくつかの城館跡を伝える戦国期の設楽氏は、天正十八年の徳川氏関東国替えに伴い、武州礼羽《れば》（現埼玉県加須《かぞし》市）に移った。十年後、設楽貞通の次男貞信が竹広等六か村を采地に分家して旧領に帰ってきた。実際には千四百石の旗本で、知行地は三河と下野の双方にあったが、設楽六か村を本国三河領とよんでいたという。次は、地元に残る設楽氏の記録である。

・陣屋を竹広に置き、出沢の瀧川氏が代官として領内を治めていた。

・浅谷の瀧川家に、嘉永七年の設楽家覚書（異国船来航関係）が伝わっている。

・文久元年（一八六一）、岩瀬忠震（元外国奉行、設楽家三男）の逝去に際し、「七月十三日午ノ刻御逝去、当殿様弾正様御兄肥後守様ナリ…御忌十日鳴物普請御停止…」と、設楽六か村が喪に服した。

この竹広陣屋跡が私たちの集落にあり、たまたま陣屋井戸周辺が屋敷にかかっている。陣屋の最後の殿様（設楽貞晋）も明治初年に使っていた井戸である。思いがけないところで、わが家も戦国の設楽氏につながっていると思うと、畑の中の古い井戸が愛おしい。

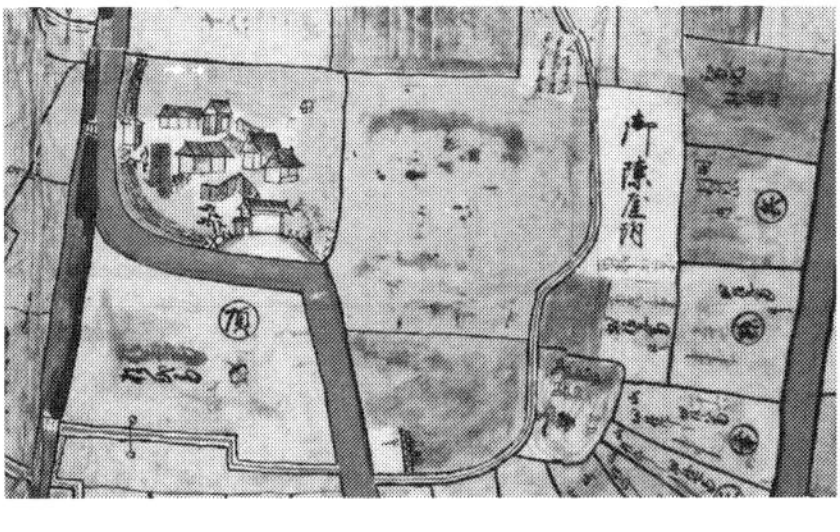

なっている入り口を掘割って、その内側を城としたもので、天然の要害を見事に利用している。
・来迎松城から直線で七五〇m、豊川右岸の段丘の端にある。川からの比高は約二〇mで、入り口の北側を除いて周囲は懸崖地形で、自然の防御ラインである。城域は東西八〇m、南北五〇mで、曲輪・土塁・堀の遺構がみられる。前述の『城館跡報告Ⅲ』は「石塔等の遺品は見当たらないが、最も古式を残す」と記している。縄張図も同書。
・設楽氏の本城ということで、「設楽氏は正和元年（一三一二）に今の東栄町中設楽からでてきてここに城を築いた。それからこの地域の設楽が始まった」という説があるが誤りと考える。注5
・鳶ヶ巣奇襲隊の渡河地点、長篠城を脱出した使者の上陸地点、何れもこの本城の下であり、設楽城館群を意識した動きと読める。

川路城館群（小川路城と川路城、対岸の端城）

川路字小川路・市場地区であるが、通称「小川路」と呼ばれている。旧国道一五一号線の樋橋〜連吾橋間の南側で、標高六〇m前後の中位段丘上である。ここにある三つの城跡（端城は対岸）は、東西二つの渓谷を城堀と見立てた一つの城郭として機能したのではないかと考える。

◆川路城跡（大坪城、小川路城）

・新城市文化財指定の標柱に「大坪《おおつぼ》村古城（川路城址）」とあるが、地元では「川路城」と呼んでいる。『三河国二葉松』に「大坪村古城　設楽甚三郎、同兵庫」とあり、甚三郎とは設楽貞通、兵庫はその嫡男貞清のことである。

・城域は東西九〇m、南北七二m。昭和六十二年頃までは、中央部の南北に長さ一三m・高さ三m・幅五mほどの土塁が残っていたが、宅地造成で姿を消した。

・井戸が二つある。一つは「お鷹井戸」で城東北部にある。もう一つは、城東側の崖地を連吾川へ降りる途中の湧き水である。この道は「ませ道」と呼ばれ、少し前までの村人の生活道路であると共に端城と城をつなぐ連絡通路であったと思われる。

お鷹井戸

・城跡の西側に、川路城のものと言う「小川路稲荷」がある。その傍らの一石五輪は室町末期のものという。城址東南の山林に決戦時の「大久保兄弟陣地」の石標が立っている。

小川路城址（市場城、永珍屋敷）

・川路城の南一五〇mほどのところ、川路字市場にある。市文化財指定の標柱には、「川路市場城（永珍屋敷、小川路城）」とあるが、地元の呼称は小川路城である。「川路村誌取調書」によれば、室町時代の応永年中、「設楽永珍」隠居屋敷として築かれたという。[注6]

・規模は東西五四m、南北四〇m。城域の西南と東南に一mほどの高さの土塁らしきものが残存するが、高さ等からみて日常の居住場所と城とを兼ねた館と思われる。

端城の跡

・川路城に対して連吾川の対岸にあり、川路城防備のための出城と思われる。『三河国二葉松』は「川路村古屋敷、城主不知」としている。川路城から約二〇〇m、崖を抜けるませ道がつなぐ。

・「川路村誌取調書」に、「古宅　夏目宮内少輔信久、同宮四郎宗清古宅跡、西方字端城ニアリ、東西八一m、南北五四m、今土手アリ。天正年中設楽越中守へ仕官、屡軍功アリト申伝フ」と。宮四郎は設楽氏の家老で、『長篠日記』には「弓の手柄有て、家康公御褒美あり」とある。（間をmに換算して表記）

・城跡は元和元年（一六一五）に開墾されて畑となり、遺構は現存しない。

40年前の川路城土塁

この川路城館群と格別かかわりの大きいのが、徳川軍の大久保兄弟の布陣である。連合軍の最右翼に布陣した徳川軍の中でも、大久保隊は柵外応戦隊（コース③参照）で、柵から出ない上方軍に対して、国衆としての意地を見せた動きであったという。

断崖の峡谷地形から、当初、柵のない下流域には両軍とも布陣していなかった。ところが、『甲陽軍鑑：品52』は「山縣衆は味方左の方へ廻り、敵の柵の木いはざる右の方へ押出、後よりかかるべきと働を、家康衆みしり、大久保七郎右衛門…大久保次右衛門…」と、大久保兄弟が対応している。「敵かかれば引、敵のけばかかり」（『三河物語』）の自在な動きも、大久保兄弟が川路城付近を拠点に、ませ道等を使って下川路から勝楽寺方面へ機敏に出撃できたことによるのではないだろうか。

注1　『太平記』（応永四年）に「設楽五郎兵衛」、『御評定着座次第』（永和二年）に「設楽三郎」、『御的日記』（至徳二年）に「設楽越中守」等、記録は多い。
注2　『設楽家系譜』は、『三河地域史研究：第二号』の「中世奥三河における設楽氏系譜」（川合重雄）による。
注3　『譜牒余録：後編二八』の設楽神之丞の項、『郷土：一七三号』「設楽原の戦いと設楽家」（夏目利美）による。
注4　『寛政諸家譜』の設楽貞道の項に、「のち奥平信昌御味方にまいりしとき、旧領設楽郡のうちを駿遠両国のうちにうつさる。これ兼約なるにより、設楽郡のうちを信昌にたまふがゆえなり」と、家康による知行地の変更が記されている。元亀四年に家康が奥平父子に出した起請文の実行であり余波である。
注5　・『設楽原紀要：第8、9号』の「設楽氏の城館についての考察」（夏目利美）による。
・建久七年（一一九六）の頼朝の裁定書は、設楽庄の武士と松尾神社（現富永地内）の争いに対するもので、正和元年（一三一二）より百年以上前に設楽氏がこの地域で動いていたことを示している。
注6　『村誌取調書』は、明治十四年に川路村の戸長役場で作成したもの。

コース⑯

長篠・設楽原の地元文献三点

天正三年の長篠・設楽原を記す地元文献の報告である。

1 『長篠日記』写本から見えてくるもの
2 野田・菅沼氏の記録『菅沼家譜』
3 沿道の案内記『続柳陰』

丸山俊治、塩瀬真美

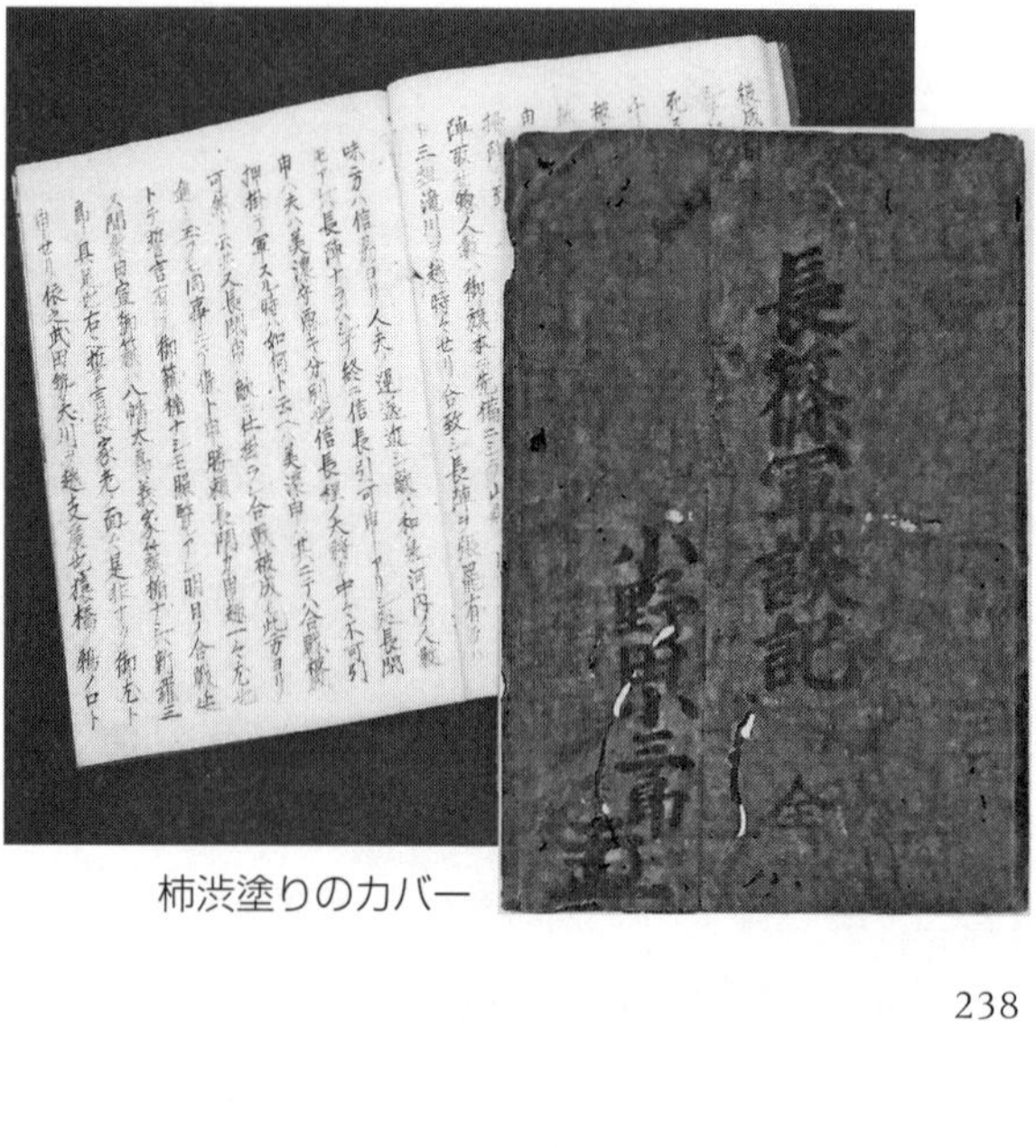

柿渋塗りのカバー

1 『長篠日記』写本から見えてくるもの

(1) 『長篠日記』の成立と写本

本書の引用文献のうち、『長篠日記』の成立については謎が深い。長篠・設楽原の戦いの三年後、天正六年（一五七八）といわれるが、原本はなく、写本の一つ「佐藤本」の奥書に、乗本村の阿部四郎兵衛が妻の実家に書き送ったという記事が出所である。成立についての記述は他にないが、『甲陽軍鑑』や『信長記』等の引用と思われる部分からみて、それら以降であることは間違いない。

内容は、内閣文庫本の表紙裏に、「長篠近村ニ数多アリ大同小異」とあるように、ほとんど同じである。武田信玄の死去後、徳川家康が長篠城を攻めて落城させたことに始まり、奥平氏の武田方への離反、武田勝頼が長篠城を奪い返そうとした長篠・設楽原の戦いまでの物語である。年代では、天正元年（一五七三）から同三年に及ぶ。言い換えると、家康が東三河の支配権を確立していく過程を扱う物語である。立場は、徳川方であり、筆写年代が下がると「神君」の言葉が登場する。

写本は、「長篠日記」、「長篠軍記」、「長篠軍談記」、「長篠合戦記」等の題名をもつが、総称して『長篠日記』と呼んでいる。代表的な写本七点について、題名（略称）、成立年、現所有者をあげる。

①長篠日記【佐藤本】　一七六五頃（明和之初春）名古屋市千種区の佐藤和郎氏

②長篠軍記【永井本】＊1　一七二一（享保六）年、長篠城址史跡保存館（永井進氏旧蔵）

③長篠軍談記【小野田本】＊1　一七三一（享保一六）年、新城市富栄の小野田裕氏
④長篠合戦記【林本】＊2　不明、長篠城址史跡保存館（林英太郎氏旧蔵）
⑤参州長篠軍記【宗堅寺本】＊2　不明、新城市的場の宗堅寺
⑥長篠軍記【内閣文庫本】　不明、国立公文書館
⑦三州長篠合戦記【阿部本】＊3　不明、長篠城址史跡保存館（阿部重幸氏旧蔵）

＊1、2：それぞれの二本は同系統の写本　＊3：成立は幕末頃と推定される

写本の小さな差異を検討して

写本それぞれの内容は、大同小異であるが、その小さな違いの中に「長篠日記」成立に関する手がかりを感じる。以下、いくつかを比較検討する。

① 奥平氏が出した人質、奥平久兵衛の娘の名前

【小野田本】日近ノ奥平久兵衛娘おあわ…法名ハ半古秀栄日近塚有
【佐藤本】日近之奥平久兵衛娘於粟…法号半古秀栄日近ニ塚有リ
【林本】日近ノ奥平久兵衛娘号オワア…法号ハ半古秀栄ト云於于今日近ニ古塚アリ
【内閣文庫本】日近ノ奥平久兵衛娘お安和…法名半古秀栄日近ク塚アリ

林本だけが、「あわ」と「ワア」と逆になっている。片仮名のア、ワ、はよく似ており、もともと原本がカタカナで表記されていたのだろうか。毛筆の字をどう読み取ったかである。

② 信長の後詰め出陣―『信長記』の引用

つぎの文は、信長が長篠への後詰を決意し、陣触れを出した部分である。

【信長記】國々出勢の日限仰せ触れて、信長信忠御父子都合其の勢五万余騎…

【小野田本】後詰被成ニ付テ國々出勢ノ日限被相触信長公御嫡信忠公都合其勢五萬余…

【佐藤本】後詰被成ニ付テ国々出勢之日限被相觸テ信長公御嫡信忠公都合五万余騎…

【林本】（扨）國々ヨリ出勢ノ日限被相觸信長公御嫡信忠公都合其勢五万余…

三つの写本ともに『信長記』を下敷きにしたことが明らかである。ところが前後を含めた比較をしてみると、その繋がりが微妙に異なる。外にも、『信長記』の引用をいくつか見ることができる。

【信長記】鳥居等の使者↓家康後詰め依頼↓信長出陣↓信長牛久保着陣

【小野田本】家康後詰め依頼↓信長出陣↓鳥居等の使者↓信長牛久保着陣

【佐藤本】家康後詰め依頼↓信長出陣↓鳥居等の使者↓信長牛久保着陣

【林本】家康後詰め依頼↓鳥居等の使者↓信長出陣↓信長牛久保着陣

日付でみると、小野田本と佐藤本は、五月十日、十三日、十四日、十六日と、時系列に並ぶ。ところが、林本・宗堅寺本は、五月十日、十四日、十三日、十六日である。信長記は十四日、十日、十三日、十六日となっていて、ここには、写本の成立が二系統に分かれた時期があったのではないかと推測できそうな何かがある。更に、『信長記』への「鳥居等使者の項」挿入の経緯がからむ。

③　馬防柵のしくみ

【小野田本】　柵ヲ二重ニ付ル…其中ニ城戸ヲ拵へ人馬通自由ヲモウクル能働也

【佐藤本】　柵ヲ二重ニ付ル…其中ニ上城ヲ拵エ人馬之自由能働也

【林本】　柵ノ内ニハ二重ニ幕ヲウチ鉄炮防カシム柵ノ内ニアケヂヤウヲ拵エ人馬ノ通ヒ自由ニ働カシ

【内閣文庫本】　柵ヲ二重ニ付…其中ニ土城ヲコシラへ人馬ノ働自由也

これは四写本ともに異なっている。小野田本は「きど」であるが、林本の「アケヂヤウ」は「アゲヂヤウ」で「上城」の音読みである可能性が高い。内閣文庫本の「土城」は、「上城」の「上」を「土」と筆写したとみられる。日本国語大辞典（小学館）に「城戸の一種、上に上げて開くようにした上蔀と同じ構造の板戸…砦などの急ぎの普請に多く用いられた。揚鎖（あげじょう）」とある。『菅沼記』にも、「河ノ岸ニ高サ八尺ニ柵ヲ附、其内ニ上ゲジヤウヲ構、人馬ノ通自由ニシテ能働也」とある。林本系統と類似点の多い『總見記』も同じである。

林本の「二重の幕」は、同系統本のみで他写本には出て来ない。大量の鉄炮を用意した連合軍側の「二重ニ幕ヲウチ鉄炮防カシム」の記述は、どういう意味であろうか。林本特有の記述である。

④　設楽原決戦に敗れた勝頼の退却―『甲陽軍鑑』の引用

【小野田本】　惣藏ハ兄右衛門尉ヲ無心許思テ両度マテ跡へ乗下リケレハ、勝頼惣藏ヲ深クイタハ

コラム⑱

竹広表の戦い

塩瀬真美（西矢部、三遠民俗・歴史研）

『菅沼家譜：定盈伝』『西郷氏興亡全史』に記されている第一次設楽原の戦いである。

◆「元亀二年春、武田軍は遠江・三河に進攻し、秋山晴近が川路城の設楽貞通を攻めた。早速救援に駆けつけた野田の菅沼定盈、西郷の西郷清員・義勝とともに、竹広で戦い武田軍を撃退した。この時、西郷清員の甥で西郷宗家の義勝が戦死（三月四日）した。

野田方三人衆の抵抗　この頃、山家三方衆（田峰の菅沼、作手の奥平、長篠の菅沼）はすべて武田軍に下り、奥三河で徳川方に残っていたのは、竹広で戦った菅沼（野田）・西郷・設楽であった。この抵抗が、二年後の武田軍による野田城攻撃の原因となったが、信玄の急死という新たな展開の中で作手奥平の武田離反となり、更に二年後、長篠・設楽原での武田と織田・徳川の全面対決へと進むことになる。

「お愛」の人生　武田軍にとって、「竹広表の戦い」はほんの小競合いにすぎなかったが、その延長線上で起こった四年後の設楽原の決戦は、やがて武田軍の未来を奪うことになった。思わぬ展開は、ここで討死した西郷義勝の夫人「お愛」にも起こっている。悲劇のどん底に落ちた掛川生まれのお愛は、その後浜松城に上がり、家康に仕えて二代将軍秀忠の生母となった「西郷の局」である。

リ玉ヒ両度ナカラ御馬ヲ被留惣藏ヲ先へ立退給フ。

【佐藤本】 惣藏ワ兄ノ右衛門尉ヲ無心元思ヒテ両度迄跡エ乗下リケレバ、勝頼公惣藏ヲ深ク労リ給イテ両度ナガラ御馬ヲ被留惣藏ヲ先エ立退給フ。

【林本】 惣藏ハ若輩タリトイヘドモ孝ナル心ユヘ兄ノ右衛門尉ヲ無心許思両度マテ跡エ乗下リケレハ、勝頼フカク痛ハリ両度トモニ馬ヲ留テ惣藏ヲ先ニ立退玉フ。

【甲陽軍鑑品52】 土屋惣藏じゃくはいなれ共、かうなる心故、兄ノ右衛門丞を心元なくおもひ、両度あとへ乗さがる。勝頼公ハ土屋惣藏をふかくいたわりたまふ故、両度ながら御馬をとめられ、惣藏を先へたて、のき給ふ。（『甲陽軍鑑大成』（酒井憲二））

ここは、『甲陽軍鑑』の引用である。まず気づくのは、佐藤本の「勝頼公」という敬称である。佐藤本には、これが八か所あるが、他の写本では一か所だけで「公」が削除されていることがわかる。なぜ残ったのであろうか。佐藤本には、外にも「（勝頼は）流石清和之嫡々ニテ」とか「（勝頼を守って討死にした笠井）肥後守カ心底ヲ不感ル者ワナシ」等の文言が挿入されている。武田方に傾いた心情は、信州坂部という地で佐藤本が成立したためであろうか。

ところで、『甲陽軍鑑』明暦活字本（一六五六）に、「…土屋惣蔵は若輩なれ共、剛なる心故」とある。前後の文言からみて、林本の「孝」は誤写であろうか。林本は、『甲陽軍鑑』の影響が強い。

⑤　武田軍の設楽原進出

【小野田本】　勝頼ハ清井田原ニ始ハ本陣其外武田勢柳田竹廣川路下々宮脇出澤浅木有海原ニ透間ナク段々ニ陣取。

【佐藤本】　勝頼公ワ清井田原ニ始ハ本陣其外武田勢柳田竹廣川路下ヒ宮脇出澤浅木有海原ニ透間ナク段々ニ陣取。

【林本】　勝頼始ハ清井田原ニ本陣也其外武田勢柳田竹廣河路下宮脇須澤浅木大海有海原ニ透間モナク段々ニ陣ヲ取ル。

【内閣文庫本】　勝頼ハ清井田ニ本陣其外武田勢柳田竹広川路下スソ宮脇諸沢浅木有海原段々ニ陣取。

ここでは、現在の「下々《しもそう》」地区を示す部分に注目したい。ここは、四つの写本が全て異なっている。小野田本は「シモソウ」で間違いない。佐藤本の読みは、「シモカ、シモヒ、シモシチ」などが考えられるが、しっくりしない。林本は、「下々」ではなく、「下」だけである。林本では、人名には文字の中央に、地名には右側に朱線が引いてある。よく見ると、「河路」と「宮脇」に朱線はあるが、「下」には引いてない。このことから、林本は、河路村または宮脇村を上下（かみしも）に分けた表示であると考えたことがわかる。同系統の宗堅寺本は「下宮脇」で朱線が入っている。

貞享二年（一六八五）成立の『総見記』（遠山信春）では、次のように記している。

・勝頼…清井田原ニ本陣シテ近々ト備ヘタリ其外武田勢ハ瀧川ノ末ナル岩代川ヲ馳渡テ田原ノ近所

柳田竹廣河路下宮脇深澤浅木大海有海原ニ透間モナク陣ヲトル。

ここの「其外武田勢」以下の部分は、誤記の形が林本と同じで、林本系統と『総見記』とが、非常に密接な関係にあることを表している。両者の成立時期を知る手がかりになりそうである。

「下々」について、もう一つ注目すべき点は、内閣文庫本の「下スソ」である。平凡社の「日本歴史地名大系　愛知県の地名」には、次の記述がある。

「…寛永郷帳の一本には『しもすそ』と訓じている。慶長九年（一六〇四）の川路村検地帳に『下すそ入作方』と記される。…慶安二年（一六四九）…新間柳町…下々村から五、六戸の出郷」

「下々」との関係で内閣文庫本の元本の筆写年代が、ある程度想定できるのかも知れない。

「長篠日記」系写本の基本的性格

「長篠日記」系は、本文の大半が同一で共通の原本があると思われる。他の特徴をまとめておく。

①史書ではなく、徳川方の物語である。武田方のエピソードもいくつか取り入れられている。

②当初の原本に、『信長記』や『甲陽軍鑑』等の巷間に流布した文献の内容が引用されて、どこが当初の内容なのか分からなくなっている。

・特に、引用の多い『信長記』『甲陽軍鑑』について、その引用率を調べてみた。小野田本の場合、『信長記』一八％、『甲陽軍鑑』一七％、両者の引用合計は三四％であった。これは同一文字のみの調査であるため、実際にはもう少し高い数字になると思われる。

③地元でなければわからない地名を数多く記しており、地元の目で書かれた当初の形がある。
・林本系と『総見記』の誤記の類似から、〝『総見記』の林本系引用〟を感じる。
④武功、うわさなどの資料を参照し挿入したために、不自然な部分もあるが、共感できる当時の人物像を読み取ることができる。

天正三年の戦いを語る直接史料という点では、問題点が多いが、一連の動きを語る著述としての意味は大きい。原本にあたるものが発見されておらず、今の私たちが目にする形になるまでに、どのような時を経、どんな書物や人が関わったのであろうか。『長篠日記』という森は謎に満ちている。

2　野田・菅沼氏の記録『菅沼家譜』

『菅沼家譜』*の成立と原本

＊『菅沼家譜』（新城市教委編）による。

本書の成立は、菅沼定実が、延宝五年（一六七七）の正月にまとめ終えたと末尾に記している。定実は、鳶ヶ巣攻めに、道案内を兼ねて参戦した地元武将・野田城の菅沼定盈の孫にあたる。

菅沼家は、天正十八年（一五九〇）の徳川家康の関東移封以後、しばらく野田をはなれたが、定実の時に再び旧領の新城にもどってきた。彼の父は野田城で生まれており、戦い当時の雰囲気の残る時代に育った定実によってまとめられた本書は、野田開祖の定則から自分の兄の定昭までの六代についての記録である。簡潔な文章で綴られ、野田時代の書状や証文を記録しており、貴重な史料である。

菅沼新八郎家所蔵の『菅沼家譜』は二冊ある。
①表題『菅沼家譜』、表紙は金襴装、百二十一枚綴じ、楷書。成立は延宝五年。
②表題『菅沼家譜』、表紙は金襴装、七十四枚綴じ、楷書。成立は貞享年間。
菅沼家菩提寺の宗堅寺にも、①と殆ど同内容の『菅沼家譜』が伝えられる。(本書では、これを使用)

家譜の内容—竹広表の戦いから「鳶ヶ巣攻め」へ

この戦いに関する家譜の内容(特徴)は、三点である。
①元亀元年(一五七〇)の武田軍奥三河侵入から天正三年春までの、武田軍をめぐる動き
・元亀二年の武田軍の竹広攻め、翌年の三方原から越年しての野田城攻撃、信玄死去後の家康の長篠城奪回、天正二年の武田軍三河侵入(美濃、足助、作手、吉田)など、詳細に記している。
②天正三年(一五七五)の武田軍長篠城包囲で信長が来援し、定盈が鳶ヶ巣で先陣を務めたこと
・五月朔日の長篠包囲、二年前の野田籠城の信長賞詞を記すと、鳶ヶ巣奇襲を記し、長篠城の攻防や設楽原での両軍決戦についてはふれていない。鳶ヶ巣作戦の定盈の記録である。
・ここでの鉄炮の記述は、「和田兵衛太夫ハ中鉄炮、被疵引退ク」の一箇所だけである。
③合戦絵図等六葉の彩色絵図が、現在の地形把握に近い形で描かれていること
・決戦の舞台の地形が、現在の地図と殆ど変わらないほどの正確さで記されている。
武田軍の奥三河進出は、弘治二年(一五五六)に始まり、十年後の永禄八年には奥平常勝(貞能の

弟）が武田方に走り、本格的な武田進出は元亀元年（一五七〇）頃からである。その経緯をくわしく記しているが、「長篠・設楽原の戦い」の本戦に当たる部分は書かれていない。次は、その大略である。

> 一、天正三年五月朔日、勝頼攻長篠城…陣医王寺山總軍ハ大通寺山、…鳶ヶ巣ニ附城ヲ構…
> 一、信長公為テ加勢着陣野田原、此時一覧アリ根古屋古城、召シテ定盈…賞美シ給フ
> 一、鳶ヶ巣エ被差向面々、酒井左衛門尉忠次・松平上野介庸忠・同丹波守・菅沼新八郎定盈・西郷左衛門清員…設楽越中依テ家康公命ニ、樋田伊原陣場…（以下、全て鳶ヶ巣の急襲）

馬防柵を記す『菅沼記』

『菅沼家譜』と比べて、ごく小冊子の『菅沼記』という古文書がある。現在二系統の写がある。

・橋良文庫所蔵本　：表題『菅沼記』、半紙本一冊、三十丁、著者・成立年代不明。
・新城加藤家文書本：表題『菅沼記』、半紙本一冊、十九丁、寛文十二年（一六七二）、此主加藤

『菅沼記』の次の二点は、『菅沼家譜』に見られない独特の内容である。

①設楽原の馬防柵を記す。「高サ」を数字で記すのは、他にない。
・「河ヨリ此方、大手ハ河路連子ノ橋ヲ堺ニシ、北へサシ河ノ岸ニ高サ八尺ニ柵ヲ附…」
②菅沼家への小瀬甫安訪問を記し、『信長記』成立の一面を語っている。
・「程経て小瀬甫安ト云モノ、信長記ヲ編ミ立ルトテ大名小名ヲ廻テ金銀ヲ取、家々ノ武辺書付カノ書物ニ載セケリ、其節織部正方エモ来テ武辺ヲ承ラントイヘ共、売物ニアラズトテ書付不出、

依之信長記ニ闕タリ」

文に潤色はなく簡潔で、他書の影響は少ない。

3　沿道の案内記『続柳陰』

寛文元年（一六六一）生まれの新城の豪商であり俳人であった大田白雪が記した鳳来寺道（御油～門谷）の沿道案内記である。享保年間の自筆本『三原屋―大原文書』による。

〔内容〕「三河ノ国三記録者の門弟となって」…と記しているように、各地の古事・伝承にくわしく、沿道の「設楽原」に関しては古戦場の貴重な記録である。「誰がどう戦ったか?」について触れていない点、信頼できる史料の一つといえる。次は、記述の一部である。

・**設楽市場村**　今ハ略シテ設楽ト云フ。昔ハ市店建ツヅキ繁昌場所。今ノ所ヨリハ一町バカリ北…

・**連五川**　一ノ柵場、此処ヲ連五トハ。橋、藤ガ池、釜潭、薬師堂、広全寺、以上。

・**信玄塚町**　…左ノ方ノ大塚ヲ信玄塚ト号、信長ノ方便トシテ西国中国聞ヘノタメ

・**有海村**　高松山、コロミツ坂、信玄縄手、岩代ノ渡リ、鳥居強右衛門塚、横田甚…塚ナド へ近シ

【設楽原決戦場まつり写真】本書の火縄銃演武の写真は、次の各氏の決戦場まつり写真コンテストの作品である。渡辺喜美・岡田勝義・織田昌彦・内藤義昭・田代　田（本書掲載順）

終章　連吾川の選択

設楽原歴史資料館の坂を西へ下りて、信号のない交差点を渡ると柳田橋である。この橋からは、古戦場の最前線となった連吾川の上下流を、一望に見渡すことができる。北から南へ流れ下る川が、この橋のすぐ下手でわずかに「く」の字に曲がっており、それに合わせて、弾正山台地が出っ張っているからである。

橋に立って目に入るのは、慶長検地帳にも記されている当時から続く水田風景である。この水田の存在が武田軍の突入を大きく制約したことを、連吾川は覚えている。そして、まわりの里山を緑でおおう杉・桧の殆どが大正以後の植林であることを思うと、かんぼう山（雁峯山）を含めて別働隊が木陰を利用して相手の背後へ回ることはきわめて困難だったことが分かる。

この柳田橋風景の向こうに、戦国武人の姿がいくつか浮かんでくる。

天正のあの日

第一は、ここでその人生を終えてしまった多くの天正人の無念である。一人が倒れることは、遠く離れたふるさとの何人かの人生が〝あした〟を見失うことになる。その悲しみは何物にも代えがたく、傷は大きく残された。その傷跡が、古戦場に点在する戦国将士の塚である。

それぞれの明日を奪う戦いを、はるかに離れた異郷の地で、どうして行う事になったのか？

第二は、長篠城の後詰でやってきた信長軍は、何を考えて、この連吾川で進軍を止めたのか？救援すべき城はまだかなり先である。長篠城を囲んでいる今の武田軍に名将信玄はいないが、甲州の旗印の手強さへの対応が、小川を前にした柵と鉄炮であろう。だが、相手が出てこなければ柵は用をなさない。若き甲斐の国主・勝頼の動きを、信長はどう読んでの「連吾川の選択」であったのか？

第三は、柵と鉄炮で待構える馬防柵ラインに向けて、武田軍はなぜ滝川（寒狭川）を渡ったのか？比高二〇ｍを越す大渓谷は、単独でもその渡河は容易ではない。騎馬のいる大部隊が渡れる場所は、ごく限られる。まして、旧暦五月下旬は梅雨の真っ只中である。この大河を盾に取れば、城を攻めながら十分大軍に対応できる地形である。その強みを取らなかったのは何故か？

第四は、設楽原の火縄銃についてである。勝者の織田方も敗者の武田方もそれぞれが「鉄炮ばかりを」「尽く鉄炮に」と、「鉄炮の戦い」であったことを記している。その時、火縄銃はどのように使われてその弱点をカバーしたのか？　古戦場で発見された十七個の玉は何を語っているのか？

くまなく歩いて

実際の足跡は分からないが、それらしいところを何回も歩いていると、何となく感じるものがある。その多くは自己流の解釈に過ぎないであろうが、文字通りくまなく歩いていると、いくつかは、不思議なほど見えてくるように思えるときがある。滝川の渡河地点はその一つである。つい先日も、滝川沿いの大海地区の方から「武田軍の渡河地点は一箇所だけ！」という提案をいただいたが、歩いての思いは全く同じもので意を強くした。同じような意味で、古い地元の調査も出来るだけ活用し参考にした。第二章の項目毎に簡単なコースガイドをつけたのは、「くまなく歩いて」の願いである。

歩きながらの報告として、古戦場の課題についてある程度語ってきたつもりであるが、第一の「なぜ、戦う？」については、今回の私たちのテーマを越えた。ただ、当時の抱える課題が、現代の「拡大による課題の解決」という傾向に酷似していると感じた。

古戦場の息吹

決戦を前にして、徳川方の本多作左衛門が「一筆啓上、火の用心」の短い手紙を、設楽原の陣中でしたためた場所は、柳田橋の南、現在の新城市立東郷中学校のグランドあたりと考えられる。その中学校の入学式で歌われた新入生歓迎のすばらしい合唱を聞いた。新年度最初の日である。この歌声が古戦場の息吹だと感じた。この息吹が時代を引き継ぎ、新たな時代を拓く力だと思った。

古戦場の一角を、まもなく新東名の車が走る。高さ二〇mの橋脚は、設楽原の風景を大きく変えることになったが、一方、信玄塚の「火おんどり」も連吾川沿いの「馬防柵（再現）」も古戦場に点在する戦国将士の塚も、その全てが設楽原の風景である。それを見つめる地域の目が、「代え」のない財産としての地域のたたずまいを守ってゆく。

（設楽原をまもる会）

あとがき

設楽原の真ん中にある信玄塚では、毎年お盆の日の夜、天正の戦いで亡くなった無名戦士の霊を慰める「火おんどり」が行われてきました。四百余年の間、ずっと欠かさずに。その大塚に、領主設楽市左衛門が承応二年（一六五三）に建てた供養塔があります。刻まれた「群卒討死之軍《いくさ》場《ば》也」の文字は読みづらくなってきましたが、時代を越えて、何かを呼びかけ続けています。

この十年ほど、設楽原をまもる会では、古戦場の塚や標柱の調査を進め、並行して、毎月の「文献を読む会」で『信長公記』をはじめ何点かを曲がりなりにも読み通してきました。これらの過程で気がついたことや感じた違和感を、改めて「足で」確かめようとしたのが今回のまとめです。

幸い新城市設楽原歴史資料館の開館以来アドバイスをいただいている静岡大学名誉教授小和田哲男先生に、今回も内容と史料面で終始ご指導と励ましをいただきました。また、設楽原歴史資料館には日頃の活動を含めてお世話になっています。設楽原出土玉の鉛同位体比測定は別府大学文化財研究所の平尾良光教授の全面的協力のお蔭です。関わってくださった多くの皆様に心から感謝申し上げます。

出版に際しまして、黎明書房の伊藤大真氏に格別お世話になりました。ありがとうございました。

平成二十六年　野の草が匂う日に　　小林芳春

監修者紹介

小和田哲男

1944年，静岡市に生まれる。1972年，早稲田大学大学院文学研究科博士課程修了，文学博士。現在，静岡大学名誉教授，武田氏研究会会長。主な著書に『後北条氏研究』『小和田哲男著作集（全８巻）』『秀吉の天下統一戦争』『戦国の城』『戦国の合戦』『名軍師ありて名将あり』などがある。他にも執筆多数。

編著者紹介

設楽原をまもる会

設立1980年。設楽原古戦場の由緒を尋ね，その佇まいを地域ぐるみでまもり続ける会。

小林芳春

1933年，新城市に生まれる。1956年，愛知学芸大学卒業。現在，設楽原をまもる会，新城市郷土研究会，日本鉄砲史学会等の会員。新城市設楽原歴史資料館研究員。元新城市教育長。主な著書に，『徹底検証―長篠・設楽原の戦い』（編）『現場からの教育改革21の提言』（編）『設楽原戦史考』（共）『設楽原戦場考』（共）『設楽原の戦い物語』（共）がある。

戦国《せんごく》ウォーク　長篠《ながしの》・設楽原《したらがはら》の戦《たたか》い

2014年８月１日　初版発行

監　修　小《お》和《わ》田《だ》　哲《てつ》男《お》
編　著　小《こ》林《ばやし》　芳《よし》春《はる》
　　　　設《した》楽《らが》原《はら》をまもる会《かい》
発行者　武馬久仁裕
印　刷　藤原印刷株式会社
製　本　協栄製本工業株式会社

発行所　株式会社　黎《れい》明《めい》書《しょ》房《ぼう》

〒460-0002 名古屋市中区丸の内3-6-27 EBS ビル
☎052-962-3045　FAX052-951-9065　振替・00880-1-59001
〒101-0047 東京連絡所・千代田区内神田1-4-9 松苗ビル４F
☎03-3268-3470

落丁本・乱丁本はお取替します。　ISBN978-4-654-07634-5